REMEDIOS NATURALES
PARA LOS
NIÑOS

REMEDIOS NATURALES
PARA LOS
NIÑOS

manuales **integral**

Remedios naturales para niños

Redacción: Carmen Orús
Diseño de cubierta: La Page Original
Fotografía de cubierta: Stock Photos
Compaginación: Pacmer, S.A. (Barcelona)

© 2002, RBA Libros, S.A.
Pérez Galdós, 36 – 08012 Barcelona
www.rbalibros.com
rba-libros@rba.es

Primera edición: julio de 2002

Ref.: MI-75 / ISBN: 84-7901-874-7
Dep. Legal: B. 30.305-2002
Impreso por Novoprint

ÍNDICE

INTRODUCCIÓN

En la actualidad se exigen soluciones rápidas en todos los campos. En lo relativo a la medicina se piden productos que surtan efecto de inmediato. Si bien en casos de enfermedades graves es lógico acceder a todos los recursos con tal de salir de la crisis, en las leves, y más en el caso de los niños, muchas veces es mejor dejar que la enfermedad siga su curso, paliarla sin cortarla de raíz, pues contribuirá a reforzar las defensas del pequeño, a favorecer su inmunidad. Dicho de otra forma, no hay que llamar a los bomberos para apagar una cerilla.

Por otra parte, la mayoría de enfermedades infantiles no son peligrosas, sino que forman parte de la adaptación a la vida, estadios que los niños deben superar. Con la superación de estas enfermedades aparecen además cambios de conducta. Si consideramos la enfermedad infantil como algo natural aceptaremos poner en práctica algunas soluciones caseras, previas a la consulta médica y que, incluso, pueden evitarla.

La medicina natural emplea métodos terapéuticos que vienen dando buenos resultados desde hace siglos. Y lo que es más importante, este tipo de medicina trata a la persona en conjunto y no solamente a síntomas aislados.

Sin embargo, puesto que los remedios naturistas están enfocados a la causa de la enfermedad y no a los síntomas, su efecto no acostumbra a ser inmediato. Su objetivo es la reorientación del cuerpo para que la mejoría o el mantenimiento de la salud sean duraderos.

En la medicina natural la colaboración con el paciente es indispensable; cuando se trata de niños es esencial la colaboración de los padres, que deben tener la paciencia necesaria para esperar a que se produzcan resultados y, a veces, incluso cambiar por completo de hábitos de vida, como, por ejemplo, la alimentación, con el fin de evitar que algunas dolencias se conviertan en crónicas. A diferencia de la medicina convencional, la natural se propone aumentar y activar la capacidad autocurativa de la persona.

En ningún caso, los consejos y remedios propuestos en este libro sustituyen a la medicación recomendada por el pediatra. Sin embargo, lo que sí pretenden es generar en los padres la confianza de que mantener la salud de sus hijos está también en sus manos.

EN QUÉ CIRCUNSTANCIAS PODEMOS TRATAR A LOS NIÑOS

La pretensión de esta obra es servir a los padres de orientación, ayudarles a reconocer los problemas de salud de sus hijos, facilitarles información y algunos remedios útiles que contribuyan a tranquilizarles y a hacerles sentir parte activa del proceso de desarrollo de su hijo.

Aunque suponemos que los padres poseen el criterio suficiente para saber cuándo hay que llamar al pediatra, no está de más trazar unas directrices previas.

Los tratamientos naturales son muy aconsejables cuando el niño está sano para aumentar, por ejemplo, sus defensas contra infecciones o alergias. A veces, las soluciones caseras pueden ayudarnos a salir del paso antes de que llegue el médico, en caso de necesitar primeros auxilios o para tratar cortes, heridas y quemaduras leves. La medicina natural es también efectiva en el tratamiento de las enfermedades en curso y en afecciones leves como los catarros nasales, vómitos o diarreas puntuales, algunos trastornos del sueño, indigestión…, como complemento al tratamiento recomendado por el pediatra y siempre con su consentimiento.

Tanto las hierbas como los ungüentos o los medicamentos homeopáticos que proponemos pueden encontrarse en farmacias, herboristerías y tiendas de dietética.

LOS MEDICAMENTOS HOMEOPÁTICOS

Los tratamientos homeopáticos ayudan a activar las defensas del cuerpo; su objetivo no es curar la enfermedad, sino a la persona enferma.

En homeopatía las dosis son muy pequeñas, ínfimas, y por esa razón muchas veces son consideradas ineficaces, aunque está demostrado que al organismo le bastan estímulos muy leves para reaccionar; las medicaciones fuertes, por el contrario, anulan la capacidad natural del cuerpo de autocuración y posterior inmunidad.

El nombre de los medicamentos homeopáticos que se recomiendan en este libro va seguido de una letra, la D, y de un número, que hacen referencia a las veces que se ha disuelto la sustancia básica. Se venden con esa indicación en las farmacias.

PRECAUCIONES CON LOS TRATAMIENTOS NATURALES

A pesar de seguros y efectivos, los tratamientos naturales deben ser suministrados con precaución, especialmente a los niños.

- Obrar con mucha cautela con los bebés hasta los doce meses; en caso de duda, consultar con el pediatra.
- Si el niño está tomando alguna medicación, hay que asegurarse de que sea compatible con el producto natural, para evitar que se produzcan reacciones o neutralizaciones.
- No es recomendable que el niño ingiera ciertas hierbas como la hierbabuena o el eucalipto.
- A la hora de comprar un producto natural, es imprescindible leer la etiqueta, donde debe aparecer la siguiente información: el nombre de la planta con la que ha sido elaborado y la parte de la misma que se ha usado, la fecha de caducidad, las instrucciones de uso, el nombre o marca del productor y los posibles efectos secundarios.

- Cuando los niños sufren asma o son propensos a padecer alergias, es imprescindible comunicárselo al especialista.
- Hay que evitar los productos que contengan alcohol; su uso prolongado produce mareos y otros efectos secundarios.
- Los aceites esenciales nunca deben entrar directamente en contacto con las mucosas (ojos, nariz...). Cuando se quiera aplicar aceites esenciales para masajes, hay que mezclar una pequeña cantidad con un aceite base (aceite de oliva, de almendras, de coco o de pepita de uva). Los aceites esenciales jamás deben ser ingeridos.

LA ALIMENTACIÓN

LA LACTANCIA MATERNA

El mejor alimento para el recién nacido es la leche materna pues reduce el riesgo de sufrir infecciones y trastornos digestivos.

El primer intento de dar el pecho al niño debe hacerse a las pocas horas del parto, pues de esta forma se estimula la producción de leche y el bebé recibe la leche calostral, que es muy nutritiva.

Durante los últimos meses del embarazo, es recomendable rociar diariamente el pezón con zumo de limón para que obtenga una consistencia firme que facilite al niño su succión.

Aunque durante las primeras semanas es bueno dar el pecho al bebé cada vez que lo pida, pues así se asegura la adecuada producción de leche, al cabo de seis semanas hay que acostumbrarle a tomas de media hora cada cuatro horas.

Es aconsejable que la madre ingiera una elevada cantidad de líquidos durante la lactancia –agua, leche, infusiones– para aumentar la producción de leche.

Para evitar grietas en los pezones es importante lavarse diariamente, consumir frutas y verduras y evitar la ropa y los sujetadores ajustados.

Los pezones deben secarse con mucho cuidado. En caso de aplicar cremas, escogerlas sin alcohol para evitar irritación y sequedad.

Es muy importante disponer de la tranquilidad suficiente durante la lactancia.

Hablar o cantar al bebé mientras mama contribuye a estimular su desarrollo mental.

No fumar y no tomar bebidas alcohólicas es básico; como única excepción puede beberse un poquito de vino en las comidas; también es aconsejable moderar o eliminar el consumo de café. Las sustancias estimulantes que contienen estos productos alterarían el sueño del bebé.

Para no correr riesgos, es recomendable no tomar, bajo ningún concepto, medicamentos por cuenta propia; en caso de necesitarlos, es imprescindible contar con la aprobación del médico.

TÉCNICAS DE AMAMANTAMIENTO

- **Cuando la boca del bebé no se abre lo suficiente.** Antes de alimentarlo, bajar la mandíbula con el dedo mientras se guía el pezón hasta su boca.

- **Cuando succiona poco.** Estimular los movimientos de succión presionando hacia arriba la barbilla del bebé.

- **Cuando tiene la actitud de búsqueda pero no agarra el pezón.** Interrumpir la alimentación, tranquilizarlo y volverlo a intentar.

- **Cuando se duerme mientras le amamantan.** Hay que despertarlo sosteniéndolo verticalmente, frotar suavemente su espalda y hablarle. Si se vuelve a dormir, es mejor posponer la toma.

- **Cuando tiene hipo.** Es muy normal que aparezca después de haber sido amamantado; desaparece enderezando al bebé durante unos minutos. En caso de persistir, se le puede dar un poco de agua templada a sorbos o, mejor aún, un poquito de infusión de manzanilla.

LA LACTANCIA ARTIFICIAL

No hay que albergar ningún temor a alimentar al bebé con biberón. Actualmente las fórmulas comercializadas para lactantes son muy parecidas a la leche materna, y los niños se crían y desarrollan con la misma normalidad que los que toman pecho. En general, los preparados se comercializan en tres presentaciones: leches listas para ser utilizadas, como líquido concentrado para diluir, y en polvo para mezclar con agua.

Existen también leches artificiales especiales que se utilizan bajo prescripción médica:

- Hipoalérgicas.
- Sin hidratos de carbono (lactosa).
- Formulaciones predigeridas con componentes por separado de grasas, azúcares y proteínas.

Cuando existe intolerancia a la lactosa pueden utilizarse leches con proteinatos y fórmulas de soja.

Todas las leches disponibles en el mercado contienen los aportes de vitaminas recomendados y una dosis de hierro. En cuanto a la preparación del biberón es preferible usar agua corriente, es decir, que contenga flúor, antes que cualquier otra agua mineral sin esta sustancia.

RECOMENDACIONES

- Aumentar la alimentación muy lentamente durante la primera semana de vida, desde los 30 hasta los 60 ml aproximadamente, en seis tomas diarias.

- Dar de beber al niño agua o alguna infusión adecuada endulzada con miel, entre toma y toma, en especial si el ambiente es seco y caluroso. No hay que suministrarle cantidades de leche superiores a las recomendadas para evitar la sobrealimentación.

- Mientras se le alimenta, colocar al lactante un poco endereza-do y sin apoyar el biberón, de esta forma el bebé está más có-modo y absorbe menos aire al tragar.

- Durante el primer año de vida del niño, seguir unas medidas higiénicas muy estrictas. La esterilización de biberones y teti-nas es imprescindible.

- Mantener la leche de inicio hasta el cuarto o sexto mes.

- Suministrar la leche de continuación del cuarto o sexto mes hasta los tres años.

LA ALIMENTACIÓN DEL BEBÉ

Los recién nacidos necesitan únicamente la leche materna o una fórmula para lactante. No es hasta pa-sados los tres o cuatro meses que los bebés pueden pro-pulsar los alimentos hacia atrás para deglutirlos.

Desde el punto de vista biológico, se recomienda una lactancia de unos seis meses. El destete debe ser pau-latino, sustituyendo poco a poco las tetadas por leche de fórmula. Después de los cuatro meses, los bebés ya pueden digerir y absorber las sustancias nutritivas con-tenidas en los alimentos. Además, ya han doblado su peso, pueden sostener la cabeza y empiezan a usar los dedos. Es el momento de introducir los cereales y algu-nas papillas.

Hasta los seis meses, no es recomendable dar al niño cereales con gluten. A esta edad pueden tomar zumos diluidos con agua y es posible introducir en su dieta al-gún alimento sólido, aunque es aconsejable comenzar por papillas de un solo cereal fortificado con hierro, como las papillas de arroz, avena o cebada. Los cereales suelen diluirse en una pequeña cantidad de leche ma-terna o leche de vaca, previamente calentada, y se administran con una cuchara blanda del tamaño adecuado, para que el niño aprenda a deglutir y coma la cantidad que realmente pueda asimilar. No hay que suministrar al niño cremas espesas o purés con biberón, pues le podríamos producir un cierto ahogo. Al principio le podemos dar un par de cucharadas de los nuevos alimentos y esperar su reacción.

Hacia los seis meses de edad tiene lugar la erupción del primer diente; este cambio viene a confirmar que el niño ya está preparado para ingerir alimentos triturados o en puré. Aunque se pueden adquirir en la farmacia (los famosos «potitos»), los purés preparados en casa son igual de nutritivos y mucho más baratos. Aunque son múltiples las combinaciones de alimentos, es importante elegir las apropiadas a cada edad; mientras que el puré de verduras con pollo es adecuado para un niño de seis meses, una combinación con huevo o pescado es más indicada a partir de los ocho o nueve meses de edad. En la preparación de los platos hay que tener mucha cautela con la sal; se puede añadir en cantidades mínimas o, si se prefiere, eliminar sin ningún problema.

Es conveniente respetar las apetencias del bebé pero, al mismo tiempo, es importante introducir paulatinamente alimentos nuevos en su dieta para que aprenda a comer de todo.

Se puede empezar con alimentos simples y fáciles de digerir, y que no sean alergénicos (capaces de provocar una alergia) como las zanahorias, la calabaza, las patatas, los guisantes y las legumbres, siempre licuados o aplastados con el tenedor. Cuando el niño se ha acostumbrado a estos alimentos pueden incorporarse frutas, especialmente el plátano, la manzana, la pera y el melocotón. Los alimentos nuevos hay que introducirlos en la dieta de uno en uno, cada dos o tres días, para saber, en caso de que se presenten reacciones alérgicas, a qué ingrediente son debidas. Tomar nota de cada alimento nuevo que se incorpora a la dieta del bebé será muy útil si surgen complicaciones.

Una vez que los alimentos sólidos están presentes en la dieta del lactante, configurada a base de leche materna o de leche formulada, no es recomendable administrarlos más de dos veces al día.

Cuando en la alimentación del bebé abundan la naranja, la zanahoria o la calabaza es posible que aparezca en la piel una ligera tinción amarillenta causada por un pigmento, el caroteno, pero no hay que alarmarse.

A partir de los ocho meses, es bueno animar al bebé a que se alimente por sí solo. Se le pueden dar trocitos de fruta o verdura, galletas, queso, crema... Hay que procurar no poner a su alcance nada con lo que se pueda atragantar: aceitunas, uvas, frutos secos, etcétera.

Frecuencia en la alimentación a partir de un año

Al año de edad la mayoría de niños comen tres veces al día, más dos o tres tentempiés entre las comidas. No es aconsejable que el niño coma a deshora ni que se aficione a los dulces o a los alimentos ricos en grasas, como tampoco a los zumos de fruta ni al helado.

La bebida

Es bueno acostumbrar al niño a beber agua o infusiones especiales cuando tiene sed. Se puede evitar que ingiera en exceso bebidas inadecuadas si a las horas de las comidas no se ponen en la mesa colas u otros refrescos con sabor edulcorado, que el niño puede llegar a considerar como golosinas.

Es recomendable beber agua entre comidas, cada vez que el niño tiene sed. No es aconsejable que esté demasiado fría; lo ideal es consumirla a temperatura ambiente y, en época de mucho calor, mantenerla media hora en el frigorífico.

Para consumir una buena cantidad de agua, es importante que la botella esté visible, en la encimera de la cocina, en una mesa... También hay que acostumbrar al niño a que beba agua antes y después del ejercicio físico. Otra forma de familiarizar al niño con el consumo de agua es incluir un botellín en su mochila para que la beba en la escuela.

Una buena alternativa es preparar cada mañana una infusión de plantas medicinales, que el niño tomará caliente, tibia o fría según la estación, a lo largo del día. Aparte de contener vitaminas, estimula el funcionamiento del organismo. Se pueden hacer infusiones muy sabrosas con diversas plantas e intercalarlas a lo largo del año. Se endulzan con miel o azúcar moreno y, de acuerdo con las preferencias, se les puede añadir limón.

Hábitos alimentarios

Los alimentos pueden clasificarse en hidratos de carbono, proteínas y grasas o lípidos; además, todos contienen otros nutrientes como las vitaminas y los minerales. Los hidratos de carbono, en forma de azúcares o glúcidos simples, como los contenidos en la fruta o en la leche, o los complejos que se encuentran en el pan, los cereales, las féculas y las legumbres, son los encargados de suministrar energía. Las proteínas se utilizan para la producción de tejidos y otras estructuras y para reparar los múltiples deterioros a los que se ve sometido nuestro organismo. Las grasas constituyen la fuente más concentrada de energía y participan en la formación de determinadas estructuras corporales como las células, las membranas del cerebro y el tejido nervioso. Las vitaminas (A y grupos B, C, D, E y K) y los minerales (sodio, potasio, hierro, calcio, magnesio, silicio, entre otros) se utilizan para el mantenimiento del organismo.

La mayoría de niños que siguen una dieta equilibrada obtienen una cantidad adecuada de vitaminas, de modo que rara vez necesitan suplementos.

Si queremos inculcar al niño buenos hábitos alimentarios y hacer de las comidas momentos agradables sin tensiones ni pataletas, debemos comenzar por darle ejemplo.

El único camino para frenar la desestructuración en la alimentación de los niños está en las normas.

- Fomentar la comida en familia.
- Presenciar los momentos en que el niño come.
- Apagar la televisión cuando se realiza otra actividad, como comer, leer, estudiar...
- Evitar que el niño coma entre horas alimentos que después le puedan quitar el apetito en las comidas principales.
- Eliminar o disminuir la ingesta de los refrescos.
- Aumentar el consumo de los alimentos básicos: cereales, verduras y fruta.
- Cuidar de que se respeten las horas de sueño necesarias.
- Disminuir el sedentarismo y propiciar el ejercicio físico.

LOS ALIMENTOS DE CALIDAD

Cuidar la alimentación es imprescindible en las primeras dos décadas de vida, pues corresponden al período de crecimiento. De no hacerlo, condenaremos al niño a padecer las consecuencias cuando sea adulto.

Hasta hace pocos años, algunas enfermedades eran sólo frecuentes en la edad adulta y muy pocas veces afectaban a los niños. Actualmente nos encontramos con que la hipercolesterolemia (nivel alto de colesterol en sangre) es cada vez más habitual en la infancia, junto con otros trastornos debidos a la mala alimentación. Estas afecciones pueden causar diabetes, hipertensión y problemas coronarios en la edad adulta.

Los niños necesitan mucha energía y, cuanto más rica es la alimentación, más energía libera el organismo. En este sentido son muy recomendables los alimentos naturales, ya que su valor nutritivo no se ve alterado por fertilizantes químicos, conservantes, procesos de naturalización o aditivos químicos. Tampoco hay que olvidar los productos lácteos, las frutas y las verduras de elaboración o cultivo biológicos.

Los cereales integrales, como el arroz o el pan hecho a base de ellos, contienen sustancias nutritivas esenciales que se pierden en gran medida cuando se refina la harina para hacer pan blanco.

A partir de los dos años de edad, el niño necesita fibra en su alimentación, pues ayuda, entre otras cosas, a mejorar el funcionamiento gastrointestinal, a disminuir las flatulencias o a prevenir el estreñimiento. Aunque no existen recomendaciones específicas sobre la cantidad de fibra que debería ingerir un niño mayor de dos años, doce gramos parece ser una medida de consenso.

Cuando los niños consumen alimentos variados, como pan integral, pastas, patatas, legumbres, cereales y, en especial, bastante fruta, podemos tener la seguridad de que reciben el aporte de fibra necesario.

LA OBESIDAD INFANTIL

La obesidad se debe a la excesiva acumulación de grasa en el cuerpo, en general, por consumir más calorías de las que se queman. Se habla de obesidad cuando se sobrepasa en un 20% el peso recomendado. En Estados Unidos un 34% de los adultos y un 22% de los niños son obesos.

Los genes de la obesidad fueron efectivos en el desarrollo de la especie humana, ya que los depósitos de grasa servían para que los individuos pudieran sobrevivir más tiempo en épocas de hambruna. Hoy, cuando en los países desarrollados el alimento es abundante y de fácil acceso todos los días, el exceso de grasa o su falta de eliminación a través del ejercicio es un factor de riesgo en la aparición de diversas enfermedades.

El aumento de la hipercolesterolemia en la infancia es un hecho y, aunque en algunos casos puede tratarse de un problema hereditario, la causa de este incremento se atribuye a defectos básicos en la alimentación. De cualquier modo, la primera medida es modificar los hábitos dietéticos del niño para que llegue a la adolescencia y a la edad adulta con salud.

Lo más razonable es establecer una dieta rica y variada para que el niño pueda seguirla sin ningún sacrificio; un especialista en nutrición puede ser de gran ayuda. Pero, a fin de dar una respuesta inmediata, pueden seguirse las siguientes pautas:

- Restringir el consumo de huevos a dos por semana.
- Tomar leche y derivados lácteos descremados, como yogur, queso, etcétera.
- No beber refrescos.
- Eliminar de la dieta la pastelería y la bollería, en especial las industriales.
- Usar aceite de oliva para aliñar y cocinar.
- Aumentar la ingesta de pescado, especialmente el azul, a cuatro o cinco veces por semana.
- Disminuir el consumo de carnes rojas (ternera, buey, cerdo...) y aumentar el de pollo (sin piel), pavo, conejo y caza.

Se ha constatado que tanto los problemas de obesidad como los de hipercolesterolemia, que tienen como causa la mala alimentación, parten de la cada vez mayor desestructuración de los hábitos alimentarios en los niños de ocho a trece años. Se atribuye a la excesiva autonomía que tienen para escoger qué, cuándo y cómo comen, lo que les hace inclinarse hacia alimentos poco sanos.

Si se investiga la frecuencia de consumo de determinados alimentos, se comprueba que las niñas suelen comer más frutas, verduras y alimentos sanos, posiblemente porque están más pendientes de su figura.

Pero, en general, el consumo de alimentos sanos en ambos sexos está en franco retroceso.

Los alimentos predominantes en las dietas infantiles son la bollería, los fritos, las hamburguesas y las pizzas, en detrimento de frutas, verduras y legumbres.

Hay que tener también en cuenta que un importante sector de la población infantil acompaña las comidas con refrescos azucarados, que, además de no ser de ningún modo sustitutos del agua, aportan los sacáridos de los endulzantes artificiales.

Actualmente, un gran número de padres deja en manos de sus hijos la decisión de qué y cuándo comer. Esto favorece el *snacking,* «picar entre horas». El libre acceso a la nevera hace que los niños se inclinen por alimentos preparados o listos para comer.

Además, la mayoría de niños come sin la presencia de sus padres, es decir, sin ningún tipo de supervisión.

También la televisión engorda e indigesta. Hay que evitar verla mientras se come. Casi el 80 % de los niños cena viendo la televisión y un 50 % lo hace mientras desayuna o merienda. Muchos estudios relacionan el consumo de televisión con el aumento de peso. Al distraer la atención, la persona prefiere alimentos rápidos de preparar y en mayor cantidad, ya que son más una forma de pasar el rato que una comida.

En cualquier caso, las comidas han de ser un acto social, que favorezca la comunicación y el conocimiento entre padres e hijos.

TRASTORNOS Y ENFERMEDADES INFANTILES

Nuestro propósito no es tratar en este libro todos los trastornos, dolencias y enfermedades que pueden presentarse a lo largo de la infancia, sino describir los problemas más frecuentes y, especialmente, aquellos en que la intervención de los padres puede ser más efectiva.

LA ALIMENTACIÓN DEL NIÑO ENFERMO

Cuando un niño está enfermo, debemos respetar que no tenga hambre y que rechace los alimentos sólidos, como en el caso de las infecciones catarrales, aunque este ayuno no debería sobrepasar las veinticuatro horas. Durante este período le suministraremos líquidos, en especial si tiene fiebre, pues de este modo evitaremos la deshidratación. Son recomendables los zumos de fruta recién exprimidos, diluidos con un poquito de agua si el niño tienen menos de dieciocho meses, y las infusiones endulzadas con miel. Lo más efectivo es servir las bebidas tibias, pues no causan irritación en el estómago y calman más la sed. Hay que tener muy en cuenta que en algunas infusiones no podremos diluir los medicamentos que nos hayan recetado.

Cuando el niño comienza a tener hambre lo más oportuno es darle una sopa o una crema de verduras, sémola o cereales. No son recomendables los productos lácteos o proteicos, como por ejemplo la carne, hasta más adelante, porque se digieren con menor facilidad.

LA FIEBRE

Llamada también hipertermia o pirexia, consiste en el aumento de la temperatura corporal por encima de los 37 °C; aunque puede ser causada por múltiples afecciones, en el caso de los niños, suele deberse a procesos inflamatorios o infecciones.

La temperatura del cuerpo humano está regulada por mecanismos fisiológicos, aunque oscila levemente a lo largo del día, siendo más baja por la mañana y más alta por la noche.

El aumento de temperatura no siempre se debe a la fiebre; un gran esfuerzo o una comida muy copiosa hace que aumente la producción de calor del organismo.

Hay que tener en cuenta que los niños desarrollan fiebres más altas que los adultos aunque las afecciones sean leves.

La fiebre es la respuesta del cuerpo ante las infecciones y representa un síntoma frecuente en los trastornos de la infancia. Aunque a los padres les preocupa mucho que su hijo tenga fiebre, la mayoría de niños responden de una manera natural cuando la sufren.

Se dispone de abundante documentación que asegura que la fiebre es un buen síntoma. Es el modo que tiene el organismo de protegerse a sí mismo de la infección a través de un sistema de defensas conocido como respuesta inmunitaria.

Si consideramos la fiebre como una respuesta natural, y siempre que el niño febril no se sienta muy mal, no hay necesidad de bajarle la fiebre con medicamentos.

Causas frecuentes de la fiebre:

- Infección viral o bacteriana.
- Resfriados y gripes.
- Dolor de garganta y amigdalitis.
- Infecciones de oído.
- Gastroenteritis viral o bacteriana.

- Bronquitis aguda.
- Mononucleosis infecciosa.
- Infecciones del tracto urinario.
- Infecciones de las vías respiratorias.

Trastornos de la fiebre:

- Escalofríos en la fase inicial.
- Acaloramiento posterior.
- Enrojecimiento de la cara.
- Pérdida del apetito.
- Lengua sucia.
- Aceleración del pulso.
- Escasez, concentración y oscurecimiento de la orina.
- Mirada brillante.

Medición de la temperatura

Tratar de apreciar la fiebre colocando una mano sobre la frente es un método absolutamente impreciso. Hay que utilizar el termómetro clínico.

Aunque se puede medir la temperatura en la axila y en la ingle, en el caso de los niños y dada su gran movilidad, es más seguro colocar el termómetro en la boca o en el recto.

RECOMENDACIONES

- Lavar bien el termómetro con agua fría y jabón.

- Comprobar que la columna de mercurio esté por debajo de los 35 °C. Si no es así, tomar el termómetro por el extremo opuesto al bulbo y darle unas sacudidas bruscas hasta hacer descender el mercurio.

- Sentar o acostar al niño para realizar la medición.

- **Medición en la boca.** Colocar el bulbo debajo de la lengua, donde hay que mantenerlo un mínimo de tres minutos. Durante este tiempo es mejor que el niño no hable.

- **Medición en el recto.** Lubricar el bulbo del termómetro y acostar al niño boca abajo o de lado. Luego, introducir el termómetro en el recto unos tres centímetros aproximadamente y mantenerlo allí un mínimo de tres minutos.

- **Medición en la axila o en la ingle.** Mantener el termómetro inmóvil en estas zonas un mínimo de cinco minutos.

Cuidados del niño con fiebre

La fiebre es la respuesta normal a una gran variedad de condiciones, y, si es leve, no requerirá mayor tratamiento que la administración de líquidos en abundancia y reposo.

Infusión de tila con limón

Un buen remedio en los estados febriles, y especialmente indicado en caso de gripe, es la infusión de tila con limón porque estimula el metabolismo y la sudoración. Si además existe tos, la tila se puede mezclar con liquen de Islandia o tomillo.

Echar una cucharadita de tila en un litro de agua hirviendo; una vez apagado el fuego, dejar reposar cinco minutos y colar. Para endulzarla, esperar a que esté tibia, de este modo la miel no perderá ningún nutriente, y luego acidificar con unas gotas de limón. Si el niño tiene menos de dieciocho meses o no tiene fiebre muy alta, preparar la infusión más suave, con media cucharadita de tila. Tomar a sorbos media taza, de tres a cinco veces al día.

Otras infusiones efectivas son las de camomila, menta o bayas de saúco. En caso de que el niño insista en tomar un zumo, habrá que diluirlo en agua para que se le asiente mejor en el estómago.

La fiebre se considera alta a partir de los 38,5 °C. En estos casos es imprescindible llamar al médico para informarle, aunque hay que tener presente que a los niños les sube la temperatura con mucha facilidad.

La habitación no debe estar sobrecalentada; una temperatura ambiente de unos 20 °C es ideal.

No hay que desestimar el baño tibio para bajar la fiebre. Para llevarlo a cabo, introducir al niño en la bañera con agua a unos veinte centímetros de altura y frotarle con una esponja empapada. La evaporación enfría la piel y reduce la temperatura. Pero, en caso de que el niño tenga escalofríos, es preferible interrumpir el baño. Verter en el agua del baño unos litros de las infusiones recomendadas aliviará al niño por efecto de la inhalación del vapor. No hay que usar nunca agua helada ni tampoco frotar con alcohol porque penetra en la piel. Hay que evitar los excesos; abrigar demasiado al niño puede hacer que la fiebre aumente.

Aplicar compresas empapadas con la infusión que consideremos más adecuada en la cabeza, la garganta, el pecho, el estómago y los pies, ayuda a bajar la temperatura. Sólo hay que empapar en el líquido un paño de algodón.

Si el niño tiene escalofríos después de un baño o de la aplicación de compresas, mezclar media taza de infusión de jengibre con media de zumo de piña, y dársela a beber a sorbitos; ayuda a reactivar la circulación y elimina la sensación de frío.

Compresas de ajo

Cuando la fiebre es alta, en especial cuando va asociada con la congestión bronquial, las compresas de ajo son efectivas para reducir la fiebre.

Machacar una decena de dientes de ajo, aproximadamente, y añadir unas gotas de aceite de oliva hasta hacer una pasta. Extender sobre una gasa y aplicar sobre las plantas de los pies. Luego cubrir con calcetines de algodón. El aceite de oliva evitará la irritación.

Tras suministrar al niño abundante agua, acostarle para que las compresas vayan surtiendo efecto durante toda la noche.

El gran poder de penetración del ajo a través de la piel puede comprobarse fácilmente porque, al cabo de poco tiempo, el aliento del niño desprende el olor de esta planta.

Como la pasta de ajo se absorbe con rapidez, sustituir, si es necesario, las compresas por otras nuevas.

Cuando la fiebre es el síntoma de un resfriado, aparece intensa y repentinamente. En este caso se puede optar por dos medicamentos homeopáticos:

- **Belladona D6.** Adecuado para la fiebre intensa y repentina, que habitualmente brota por la noche. El niño presenta la cara enrojecida y muy caliente, los pies fríos, sudoración intensa, irritabilidad, sueño agitado e hipersensibilidad al contacto. Administrar echando cincuenta gotas en un vaso de agua y beber un sorbo cada cuarto o media hora.

- **Aconit D6.** Adecuado cuando el niño está pálido, siente frío y pide líquido a pesar de la fiebre alta. Hay que dejarlo de suministrar cuando empieza la sudoración. Echar cincuenta gotas en un vaso de agua y tomar un sorbo cada cuarto de hora.

Cuándo hay que llamar al pediatra:

- Siempre si el niño es menor de seis meses, aun en casos de fiebre leve.

- Cuando hay rigidez en la nuca, irritabilidad o adormilamiento.
- Si un niño entre seis meses y un año mantiene la fiebre más de veinticuatro horas.
- Cuando hay fiebre persistente por encima de los 39 °C en niños de cualquier edad.

LA DESHIDRATACIÓN

Es una condición en la que el cuerpo pierde líquido en exceso y no puede funcionar correctamente. Cuando el organismo no recupera el agua que ha perdido, se producen complicaciones: disminución del nivel de actividad, debilidad y desequilibrio de electrolitos. Una deshidratación muy grave puede acarrear incluso la muerte. Tanto los bebés como los niños corren riesgo de deshidratación; actuar a tiempo equivale a salvarles la vida.

Las causas de deshidratación más frecuentes en los niños son la diarrea continuada, los vómitos y la fiebre, y, en los adolescentes, el exceso de ejercicio sin ingesta de líquidos.

En los casos de deshidratación moderada los síntomas son:

- Tener más sed de lo habitual.
- Tener la boca seca o pegajosa.
- Orinar menos de lo habitual.

Cuando la deshidratación es más severa se originan los siguientes síntomas:

- Pérdida de atención.
- Ojos hundidos.
- Orinar mucho menos de lo habitual.
- Pérdida de peso.

Cuando la deshidratación se convierte en una urgencia médica:

- Disminución radical de la actividad.
- Dificultad para despertarse.
- Síntomas de debilidad.
- Sensación de no reconocer a nadie.
- Vómitos durante más de seis horas.
- Negativa a beber líquido.
- Mareos o pérdida del equilibrio.
- Llanto sin lágrimas.
- Falta de ganas de orinar en seis horas.

El método que se debe emplear para reponer los líquidos perdidos varía en función de la causa de la deshidratación.

Ante una deshidratación moderada, causada por una enfermedad que produce vómitos o diarreas, no son recomendables los zumos de fruta debido a su acidez. Las bebidas adecuadas en estos casos son infusiones de té negro, de hojas de mora o de arándanos negros, limonada alcalina y agua de arroz.

Después de dar al niño líquidos transparentes durante unas horas, se le puede empezar a dar alimento sólido siempre que recupere el apetito y lo pida, como plátano triturado o una mezcla de crema de arroz con yogur natural.

No hay que dar al niño soluciones concentradas, leche hervida, ni bebidas con alto contenido en azúcar.

Cómo prevenir la deshidratación

Cuando el niño desarrolle mucha actividad o esté expuesto a ambientes cálidos, secos o ventosos hay que asegurarse de que beba suficiente líquido.

Los niños se deshidratan con facilidad y por esa razón es muy importante tener agua a mano, previamente hervida o de una marca con mucha garantía, en las salidas y en los viajes.

En caso de que el niño sufra vómitos o diarrea, hay que suministrarle líquidos desde el primer momento.

EL HIPO

Es frecuente tras la ingestión de un biberón y es menos habitual con la lactancia materna. La razón es que la succión del biberón es más fácil que la del pecho, por lo que entra más aire en el estómago del bebé y se produce un espasmo del diafragma que, al repetirse de una manera rítmica, produce el hipo.

A menudo el hipo desaparece con facilidad, pero en caso de persistencia es aconsejable beber unas cucharaditas de agua de manzanilla o tila.

RECOMENDACIONES

- No dejar nunca al niño con hipo boca arriba, para evitar que vomite y pueda ahogarse.

- No hay que darle golpes en la espalda y menos aún si se trata de un recién nacido.

LA DERMATITIS DEL PAÑAL

Es una alergia en la piel que se presenta como un enrojecimiento difuso puntiforme (conocido como sarpullido), como manchas pálidas o placas gruesas.

Durante los tres primeros años de vida del niño, es frecuente que se produzcan irritaciones en el área de la piel que ocupa el pañal ya que la mezcla de orina y heces da como resultado un PH que irrita la piel.

Aunque es una patología corriente en los niños, hay que asegurarse de que no se trata de otra enfermedad.

Para poder desestimar las infecciones no debe existir fiebre, tos, dolor abdominal o decaimiento general. También hay que asegurarse de que se trata sólo de un sarpullido y no de cándidas, hongos que producen lesiones en la piel cuando está en contacto con el pañal. En este caso veríamos placas de borde irregular con el centro enrojecido, como raspado. De ser así, es mejor consultar al pediatra.

RECOMENDACIONES

- Cambiar con frecuencia los pañales al niño.

- Evitar ponerle pantaloncitos y fundas de plástico encima del pañal.

- Después de quitarle el pañal, bañarle con agua y jabón antiséptico, neutro y sin perfume, y enjuagarle con agua de avena.

- Secarle con paños suaves en vez de con toallas desechables, que irritan más.

- Es beneficioso que el niño permanezca un rato desnudo; en caso de vestirle, hacerlo con ropa muy ligera y de algodón, pues es imprescindible que el cuerpo no entre en contacto con ninguna fibra artificial.

- No es recomendable echar talco al niño para evitar que lo aspire.

- Cuando la irritación se debe a la diarrea, limpiar al niño en la bañera, con agua tibia y jabón, sin la ayuda de paños ni toallas.

- Actualmente se venden en el mercado pañales muy absorbentes que se mantienen secos si se cambian con asiduidad. En caso de usar pañales de tela, añadir al agua de enjuagar un chorrito de vinagre, pues ayuda a bajar el PH de la tela en contacto con la piel.

- Cuando se sabe con seguridad que la irritación es de tipo alérgico y no por causa de la cándida, puede ser muy efectiva la aplicación de una pomada que contenga óxido de zinc y sustancias hidratantes y emolientes.

- Si a los dos o tres días el niño no presenta una clara mejoría, hay que consultar con el médico.

EL CATARRO NASAL

Es sumamente molesto y suele aparecer también en los lactantes. Es importante tomar medidas de inmediato ya que puede derivar en una bronquitis febril.

Con el fin de procurar bienestar al niño mientras dura la afección, es esencial suministrarle descongestionantes.

Infusión de menta, tomillo y salvia
Para aliviar la congestión nasal, combinar una cucharadita de hojas de menta, media de hojas de tomillo y media de hojas de salvia.

Verter dos tazas de agua hirviendo sobre la mezcla, cubrir y esperar a que macere y se enfríe un poco. Luego, colar y endulzar con miel.

Calentar la infusión antes de dársela al niño, procurando que haga inhalaciones mientras la bebe a sorbitos.

Un tratamiento antimicrobiano y antiinflamatorio idóneo para despejar las vías respiratorias, consiste en mezclar aceites esenciales de tomillo, menta, anís, eucalipto, lavanda, hisopo y canela con una cucharada de aceite de almendras. Para niños de hasta ocho años, la proporción más adecuada es de cuatro a seis gotas de la mezcla por cucharada y para niños mayores de ocho años es de diez gotas.

La aplicación de este fluido puede hacerse de distintas formas:

- Extendiéndolo por el pecho y la espalda del niño y cubriéndolo después con un paño de algodón. Es aconsejable aplicarlo por la mañana, por la tarde y antes de acostar al niño.
- Echando en el agua del baño unas gotas de esta mezcla.
- Vertiendo unas gotas en una taza de agua caliente para las inhalaciones o introduciendo unas gotas en el vaporizador.

También el llamado remedio de rescate del doctor Bach provoca un efecto terapéutico, especialmente en lactantes y niños muy pequeños. Se elabora a base de flores silvestres frescas de diversas plantas, arbustos y árboles.

Cómo usar el remedio de rescate del doctor Bach

Este remedio deberá prepararlo una persona cualificada de cualquier establecimiento especializado en Flores de Bach.

Extender el ungüento sobre la nariz dos veces al día, empezando entre las cejas y descendiendo por la nariz, por los lados y sobre las mejillas.

Si el catarro nasal persiste, inhalar vapores de manzanilla da muy buenos resultados, incluso en caso de catarro nasal crónico, sinusitis de los senos paranasales y catarro traqueal.

Una de las plantas más efectivas para descongestionar es el eucalipto, aunque, por su olor intenso, no es recomendable para el tratamiento de los bebés. En cambio, a partir de un año y medio o dos, el niño ya está en condiciones de asimilar los beneficios de esta planta.

El eucalipto, cuando se utiliza para descongestionar las vías respiratorias, es un excelente estimulante de las secreciones. Tanto si el catarro es de tipo alérgico como si se debe a un resfriado, el eucalipto contribuirá a despejar rápidamente la cabeza y a aliviar la dificultad en la respiración.

Las inhalaciones son un método sencillo y práctico de aprovechar las virtudes de esta planta. Para prepararlas, introducir en un recipiente de plástico copos de algodón mojados en tres o cuatro gotas de aceite de eucalipto. Cubrir la cabeza del niño sobre el recipiente y estimularle para que efectúe aspiraciones profundas. Es recomendable tener el frasco a mano para que, cada vez que el niño se sienta congestionado, pueda repetir las inhalaciones.

Impregnar la habitación del niño de vapores de eucalipto cuando se acueste contribuirá también a que pase la noche con una respiración más tranquila. Sólo hay que introducir algunas gotas del aceite de esta planta en un vaporizador.

También tiene un efecto terapéutico echar unas gotitas de aceite de eucalipto en el agua del baño, para que el niño respire los vapores mientras permanezca en él.

Otra fórmula sumamente efectiva son los puntos de eucalipto. Como es demasiado fuerte para aplicarlo puro sobre la piel, es recomendable mezclar unas gotas del aceite de esta planta con una cucharada de aceite de almendras o de girasol que actuarán como conductores. Posteriormente, se deberá puntear esta solución sobre las mejillas, en las zonas de congestión, y trazando una línea longitudinal en medio de la frente. El alivio será inmediato.

LOS TRASTORNOS DEL SUEÑO

La necesidad de sueño en los niños varía según la edad. En los lactantes es muy frecuente que se despierten llorando y, en general, el motivo es que reclaman atención. Cuando el niño crece y sigue teniendo dificultades para conciliar el sueño o se despierta y no puede volver a dormirse, es necesario un examen exhaustivo de su conducta. Se ha detectado que cuando existen trastornos del sueño continuados durante la infancia, aumentan las probabilidades de que estas dificultades perduren en la edad adulta. Además, las alteraciones del sueño provocan irritación y nerviosismo en el niño y disminuyen su sistema inmunológico, haciéndole más sensible a las alergias o a las infecciones. Un sueño placentero es la forma idónea de reponer la energía de la que tanto acopio necesita hacer el niño para crecer sano.

Como término medio, un bebé duerme aproximadamente dieciséis horas al día, un niño de un año, alrededor de catorce, y uno de tres años, unas doce. Durante la noche se pasa por diferentes estadios del sueño, y entre estos ciclos, en ocasiones, se experimentan breves períodos de despertar.

Cuando el bebé se despierta por la noche

Hay bebés que se despiertan mucho por la noche y se echan a llorar. En primer lugar hay que investigar las posibles causas; puede que tenga hambre o flatulencias... Si a pesar de estar perfectamente sigue despertándose todas las noches, lo más probable es que busque su compañía, su mimo y el placer de ser alimentado.

Cuando los despertares nocturnos son muy persistentes, sólo pueden resolverse con una rutina estructurada.

Si cada vez que el niño se despierta corremos a su lado para acunarle, darle el pecho, mimarle o meterle en nuestra cama, no es de extrañar que siga despertándose en el futuro.

RECOMENDACIONES

- No cambiar los pañales al niño por la noche a no ser que sea muy necesario.

- A partir de los seis meses, tratar de suspender las tomas de alimento nocturnas.

- Acostarle siempre a la misma hora.

- Fijarle de algún modo el chupete de forma que no se le pueda caer.

Una forma de desacostumbrarlo a las atenciones es darle con el biberón una infusión de hinojo o manzanilla endulzada con miel, que posiblemente provocará las protestas del pequeño. Reduciremos poco a poco la miel y, por tanto, el sabor dulce de la infusión, lo que hará que el niño pierda interés en despertarse para tomar algo que no le gusta.

Cuando el niño se despierta por la noche

Despertarse por la noche es un comportamiento muy frecuente entre los niños de uno a cuatro años. El problema no radica en que se despierten sino en que no puedan volver a dormirse.

Un día lleno de acontecimientos y emociones, el exceso de impresiones ópticas y acústicas, el nerviosismo de las personas que les rodean o los temores pueden ser la causa de un sueño intranquilo.

RECOMENDACIONES

- Es recomendable que el niño tome una cena ligera y poco abundante.

- No acostarle inmediatamente después de la comida.

- Conversar con él, contarle historias o cantarle canciones después de meterlo en la cama; los personajes fantásticos de los cuentos a veces ejercen una influencia benéfica y protectora sobre los pequeños.

Infusión de hojas de melisa, manzanilla, flores de espliego, flores de malva y flores de azahar

La mezcla de algunas plantas para infusiones da muy buenos resultados como las hojas de melisa, la manzanilla, las flores de espliego, las flores de malva y la flor de azahar.

Verter una taza de agua hirviendo sobre media cucharadita de esta mezcla, dejar reposar unos diez minutos aproximadamente y colar a continuación. Tomar una taza después de cenar.

Algunas veces los niños obesos tienen problemas para conciliar el sueño. En estos casos, es muy beneficioso añadir a la infusión las siguientes plantas digestivas: hojas de melisa, raíz de valeriana, flores de espliego, la planta entera del hinojo, semillas de hinojo y semillas de comino.

En ambos casos es recomendable añadir una cucharadita de miel a la infusión ya que, al absorberse inmediatamente, aumenta el volumen de azúcar en la sangre, lo que ayuda a conciliar el sueño.

Está demostrado que algunos niños consiguen conciliar mejor el sueño con sólo cambiar de lugar la cama en el dormitorio.

LA FALTA DE APETITO

Uno de los problemas de nuestra sociedad de consumo es la exagerada cantidad de alimento que consideramos necesaria para el desarrollo de un niño, y una prueba de ello es el aumento de casos de obesidad infantil en la sociedad occidental. Por no hablar del bombardeo de anuncios de productos dirigidos a los niños, como dulces con alto contenido en grasas saturadas y sabor artificial o refrescos con edulcorantes. Hay que evitar que los niños coman estos alimentos, especialmente si tienen poco apetito, pues en estos casos hay que asegurarse de que los alimentos que consumen sean nutritivos y naturales.

Es corriente que los niños sólo quieran comer sus platos favoritos, por lo tanto, es recomendable no ceder siempre a sus deseos porque incurriríamos en una alimentación muy poco variada y, en consecuencia, en una nutrición pobre.

Aunque no es tan común, algunos niños rechazan sistemáticamente la comida, giran la cabeza, cierran la boca, aprietan las mandíbulas y escupen lo que se les ofrece. Muy rara vez se debe a un problema físico; por lo general es un problema de conducta.

Cuando un niño es obligado a comer, su reacción más inmediata es cerrarse en banda. En algunos casos, al niño le sirve para descubrir que en estas ocasiones sus padres le prestan mayor atención.

Ante todo hay que evitar forzar al niño; lo verdaderamente importante es seleccionar muy bien alimentos ricos en calorías para asegurarnos de que, aunque coma menos de lo que esperamos, reciba una adecuada y completa nutrición.

Una buena actitud por parte de los padres es no criticar al niño por no comer, ni recordárselo delante de otras personas, pues sólo conseguiríamos reforzar su negativa ante la alimentación.

A continuación proponemos unas normas que ayudarán al niño a comer.

- Ponerle muy poca comida en el plato. Si se come esa cantidad no hay que preguntarle si quiere más. Es mucho mejor que llegue con apetito a la siguiente comida.
- En caso de que sea el niño quien pida más comida, servirle otra pequeña cantidad.
- Prepararle los alimentos de una forma apetitosa, que entren por la vista.
- Incluir alguno de los alimentos que le gustan en cada comida.
- Añadir en pequeñas cantidades alimentos nuevos a los que el niño ya conoce y prefiere para que vaya acostumbrándose a comer de todo.
- Comer siempre a la misma hora.
- No hacer esperar al niño. La comida debe estar preparada a su hora.
- Distribuir la alimentación del niño en tres comidas principales y tres tentempiés al día.
- Evitar que el niño pique entre horas.
- Suprimir las bebidas carbonatadas o refrescos pues quitan el apetito y tienen un alto contenido en azúcares y sustancias químicas.
- No hay que pasarse el día tratando de que el niño coma algo ni mencionarle la comida fuera de las horas de comer.
- Al servir las comidas principales, dar al niño veinte o treinta minutos para que coma, luego retirar el plato y no ofrecerle nada más hasta la siguiente comida o tentempié. En caso de que el niño no quiera comer, dejar transcurrir los veinte minutos o media hora frente al plato distrayéndole, contándole historias, sin mencionar la comida ni una sola vez, así conseguirá que comer no tenga para el niño connotaciones desagradables.

- No proponer alternativas aunque el niño no se coma la comida.
- Los tentempiés deben ser nutritivos y saludables: fruta, galletas integrales, yogur, queso...

En caso de que el niño no tenga ganas de comer porque está recuperándose de una enfermedad, debemos recordar que necesita reposo, guardar cama, para que el organismo se reponga. Poco a poco el apetito volverá solo.

En raras ocasiones la falta de apetito se debe a una insuficiente producción de jugos gástricos; en estos casos son efectivas las combinaciones de medicamentos homeopáticos que estimulan las glándulas digestivas, como Gentiana D1 y Abrotanum D1. Administrar una dosis de diez gotas, tres veces al día, y un cuarto de hora antes de comer.

LOS PRIMEROS DIENTES

En el momento del nacimiento hay que verificar su salud oral, es decir, que el interior de su boca esté libre de irritaciones, malformaciones, e incluso, de dientes prematuros. La mucosa bucal del bebé debe tener una apariencia suave, de color rosado y no sangrar. Su saliva ha de ser cristalina, sin olores desagradables.

La aparición del primer diente es diferente en cada niño, a veces ocurre el primer mes y, otras, muchísimo más tarde, pero lo más común es que sea a los seis meses cuando se inicie la primera dentición. No hay que preocuparse si existe un cierto retraso en la aparición del primer diente, lo importante es que el orden de los siguientes sea como se indica a continuación:

- Superiores: incisivo central, incisivo lateral, canino, primer molar y segundo molar.

- Inferiores: segundo molar, primer molar, canino, incisivo lateral, incisivo central.

A partir de la salida del primer diente, debe incorporarse a la rutina diaria el aseo bucal.

Para una correcta limpieza bucal se debe frotar los dientes del niño con una gasa estéril a fin de retirar los residuos que se hayan acumulado. Cuando el niño tenga un año hay que darle el cepillo de dientes aunque no sepa qué hacer con él, pues así se familiarizará con la limpieza. Hacia los dos años, el niño sabrá que antes de ir a dormir debe cepillarse los dientes y, lo más probable, es que quiera hacerlo él solito.

Cuando el niño es pequeño, no importa en qué dirección se cepille los dientes, lo que cuenta es la limpieza de su dentadura. Al principio es suficiente con agua y cepillo, y después una pequeñísima cantidad de dentífrico que se aumentará poco a poco. Hay cremas y geles especiales para niños que tienen un sabor agradable.

Aunque las medidas de higiene son necesarias, también hay que tomar precauciones con el azúcar. No hay que dejar que el niño abuse de los dulces y, muy especialmente, de los que se disuelven lentamente y permanecen un rato en la boca, como los caramelos. Tampoco es recomendable que el niño se duerma con el biberón en la boca.

Si observamos en el niño inquietud, llanto nocturno, temperatura elevada o una digestión acelerada puede que esté experimentando la dentición.

De ser así, esta mezcla preparada en la farmacia nos será de ayuda: Chamomilla D20, Aconit D10, Magnesium phosphoricum D6 a partes iguales. La dosis es de cinco gotas por la mañana y cinco por la noche, en el primer año de vida, y siete, si es mayor.

Los cuidados que se le brinden al niño en los primeros meses de vida le garantizarán una dentadura saludable en la infancia.

LAS FLATULENCIAS

En muchas ocasiones, un llanto excesivo y repentino que se produce habitualmente entre la tarde y la noche puede indicar que el niño sufre flatulencias. La incidencia de niños que lo padecen es de un 20 % y suele ser más frecuente en niños de entre dos semanas y los cuatro meses de edad.

Los cólicos, cuando no se acompañan de diarrea, ni de fiebre ni de otros síntomas pueden deberse a muy diversas causas:

- Hipersensibilidad a los componentes de la dieta.
- Exceso de gas intestinal.
- Hipermotilidad intestinal.
- Factores hormonales.
- Problemas de conducta.

El llanto y la incomodidad que sufre el bebé son consecuencia, a veces, de la deglución de aire que se produce cuando succiona el alimento, lo que le causa ruidos en la tripa, flato y ventosidades.

En primer lugar, recomendamos cerciorarse de que el bebé come a las horas indicadas (los lactantes cada cuatro horas aproximadamente), pues cuando no siguen una rutina correcta, acostumbran a sufrir trastornos digestivos. También pueden sufrir una irritación de estómago si se les da de comer antes de que hayan digerido la toma de leche anterior.

Hay que evitar, en lo posible, una succión demasiado rápida que pueda producir aerofagia y, después de cada toma, es imprescindible ayudar al bebé a echar el aire y no acostarle demasiado rápido.

Si el bebé llora y aún no le corresponde comer, no hay que amamantarlo; lo más apropiado es darle una infusión a base de plantas digestivas, a cucharaditas o con el biberón, siempre en pequeñas cantidades. Son más efectivas si no se endulzan y se administran antes de la hora de la comida.

Para reducir los espasmos, la inflamación del aparato digestivo y los gases intestinales, suelen actuar con rapidez la infusión de manzanilla, la de semillas de hinojo o el bálsamo de limón disuelto en una cucharada de agua destilada. La infusión de menta, tomada a sorbos, también alivia y reduce las flatulencias.

Si se añaden al agua del baño unas gotas de aceites esenciales de manzanilla y lavanda, observaremos cómo el niño se relaja y tiende a soltar los gases que le causan incomodidad.

Cuando el niño está muy inquieto, un masaje contribuye a relajarle. Mezclar una o dos cucharadas de aceite de almendras con un par de gotas de aceite esencial de manzanilla o lavanda. Masajear con suavidad siguiendo la dirección de la acción intestinal, de abajo hacia arriba, comenzar desde el lado derecho, cruzar el estómago por el centro y bajar hasta el lado izquierdo.

Compresas de jengibre

Las compresas con la infusión de esta planta asientan el estómago, alivian los espasmos, ayudan a eliminar los gases y estimulan la función intestinal.

Una vez que la infusión se ha enfriado, mojar en ella un paño de algodón y aplicar en el estómago del niño. Cubrir con una botella de agua caliente para que mantenga el calor en la compresa.

Si las molestias se repiten con asiduidad, pueden administrarse bífidobacterias dos veces al día, siguiendo las indicaciones del producto. Se venden en farmacias y tiendas de herbodietética.

Infusión de semillas de hinojo

Echar media cucharadita de semillas de hinojo machacadas en un cuarto de litro de agua hirviendo, una vez que se ha apagado el fuego. Dejar reposar diez minutos y colar.

Si se trata de un lactante, puede suministrársele un cuarto de taza con biberón. Si tiene más de un año, darle media taza de infusión antes de las comidas, en caso de que no se hayan suspendido las tomas.

Infusión de semillas de anís

Para los lactantes, es efectivo alternar la infusión de semillas de anís con la de semillas de hinojo.

Echar media cucharadita de semillas de anís machacadas en un cuarto de litro de agua hirviendo, una vez apagado el fuego. Dejar reposar diez minutos y colar.

Administrar un cuarto de taza, unos 30 cm^3 aproximadamente, con el biberón o con un vaso antes de las comidas. Cuando las semillas no están machacadas, el tiempo de reposo debe aumentar hasta los veinte minutos.

Infusión de semillas de comino

Es la infusión más efectiva. Echar un cuarto de cucharadita de semillas de comino, si es para lactantes, y media cucharadita si es para niños de dos a ocho años, en un cuarto de litro de agua hirviendo, después de apagar el fuego. Tapar, dejar reposar durante diez minutos y colar a continuación. Para los lactantes añadir una cucharada, unos 15 cm^3 aproximadamente, al biberón o administrarles dicha cantidad antes de la comida. Para los niños en edad escolar se recomiendan de una a dos tazas diarias.

Masaje con aceite de comino

Alivia las flatulencias en los lactantes. Extender dos gotas y frotar la zona comprendida entre el esternón y el ombligo.

Si tras tomar alguna de estas medidas, los problemas gastrointestinales persisten, hay que consultar con el pediatra para que determine la causa del malestar del bebé. En algunos casos puede deberse a la intolerancia a la lactosa, lo que obligará a un cambio de alimentación.

EL ESTREÑIMIENTO

Puede ser asintomático, aunque es frecuente que produzca falta de apetito e intranquilidad.

No hay que esperar para ponerle solución; cuando el niño lleva más de dos días sin evacuar, es difícil que lo haga de manera espontánea.

Los bebés que se alimentan con el pecho suelen defecar mucho menos que los que lo hacen con biberón, porque la leche materna se absorbe casi por completo. Siempre que la defecación sea blanda y no produzca dolor no hay motivo para suponer que existe estreñimiento, aunque haya poca cantidad. Por el contrario, sí que es un problema cuando la deposición tiene forma de bolitas o está teñida de sangre. El estreñimiento en los lactantes puede deberse, a veces, a una escasez de leche en la madre; de confirmarse habrá que completar su alimentación con tomas de biberón. Entre los niños con lactancia artificial, puede aumentarse la cantidad de azúcar o de miel del biberón o sustituir una de estas cucharadas por una de lactosa.

A los niños un poco más mayores basta a veces con darles fruta antes de las comidas principales (peras, ciruelas o higos) para solventar el trastorno. Para facilitar su ingesta puede prepararse la fruta licuada.

Tomar abundante agua siempre ayuda a facilitar la evacuación.

Si el bebé sufre estreñimiento crónico, hay que analizar si existen causas de origen emocional. Los niños son como esponjas que absorben las tensiones que existen a su alrededor y la disfunción intestinal puede ser un reflejo de éstas. En estos casos las esencias florales del doctor Bach pueden ayudarles; en las tiendas especializadas nos facilitarán las más idóneas.

Cuando el estreñimiento sobreviene después de una cura con antibióticos es imprescindible regenerar la flora intestinal. Para subsanar las disfunciones han de recuperarse las bacterias naturales sanas, de esta forma se restauran el funcionamiento del metabolismo y los mecanismos naturales de defensa. Aunque es el médico quien debe prescribir el tratamiento a seguir, será de utilidad mantener una dieta muy completa, pues tanto las enfermedades infecciosas como los parásitos producen estreñimiento.

Cuando el estreñimiento no es el resultado de otros desarreglos, una de las formas de paliarlo es comer despacio y masticar bien, ya que de esta forma los jugos digestivos fluyen mejor. Asimismo, hay que procurar que los niños no coman en exceso, ya que digieren con mayor dificultad.

Otro punto, no por conocido menos importante, es la introducción de fibra en la dieta.

Los padres han de asegurarse de que una parte de los alimentos sólidos que consuma su hijo contiene fibra, y una forma de hacerlo es incluir en la dieta zumo de ciruela diluido, cereales integrales, fruta y verdura.

RECOMENDACIONES

- No es bueno esperar mucho más de un día para tomar medidas, de lo contrario la solución será más lenta y difícil.

- Si los niños tienen más de un año, bastará con un supositorio pediátrico de glicerina.

- Si tienen meses, introducir un termómetro en el recto unos dos centímetros con glicerina líquida.

Lavativa o irrigación con infusión de manzanilla

Tanto en lactantes como en niños muy pequeños, la lavativa con infusión de manzanilla es de una gran eficacia.

Llenar el clíster de goma (el tamaño estará en función de la edad del niño) con la infusión, aproximadamente de 0,7 a 1 cm^3 para los lactantes, de 200 cm^3 para los niños menores de dos años y de hasta 500 cm^3 para los mayores. Poner un poco de vaselina en la punta, introducir la cánula en el ano y vaciar a presión, lentamente, para que el líquido penetre bien.

LA DIARREA

El mayor peligro que conlleva la diarrea es la deshidratación. Cuando un niño tiene diarrea pierde gran cantidad de agua y sales minerales, por lo que se hace necesario interrumpir la alimentación y reponer enseguida estas sustancias.

Como el suministro de líquido debe ser inmediato, si, por circunstancias, sólo puede darle agua, es imprescindible hervirla previamente.

Tanto si se trata de un lactante, como de un niño entre dos y ochos años, siempre debe suspenderse la alimentación un mínimo de doce horas. Durante este tiempo tomará líquidos a temperatura ambiente, en especial infusiones de té negro, de hojas de mora o de arándanos secos. También son recomendables la limonada alcalina (ver receta de la página 54) y el agua de arroz. Es aconsejable beberlas a pequeños sorbos y en cantidades reducidas para repetir las tomas más a menudo.

Uno de los primeros alimentos que se pueden dar al niño, después de unas horas de haber tomado únicamente líquidos, es el plátano triturado, porque regula la función intestinal. También una mezcla de crema de arroz integral con yogur natural proporciona una nutrición básica y ayuda a controlar la diarrea.

Contra lo que pueda imaginarse, la irrigación intestinal o lavativa también es muy eficaz.

Se puede añadir a las infusiones carbón de café, de venta en farmacias, en la proporción que indique el prospecto.

Si la diarrea de un lactante es severa y crónica, puede que se deba a alguna intolerancia alimentaria. Si la lactancia es natural el problema puede estar en la madre.

Infusión de hojas de mora

Estas hojas son astringentes y ayudan a detener la diarrea por su contenido en taninos. Además, aportan diversos minerales beneficiosos para el estado general del niño.

Verter una taza de agua hirviendo sobre una cucharadita de hojas, dejar reposar diez minutos, colar y esperar a que se enfríe. Si el niño es menor de un año se le puede administrar con un cuentagotas, una dosis cada hora u hora y media; a partir del año ya puede beberla a sorbos de una manera continuada a lo largo del día.

Infusión de romero

Si el niño parece sufrir calambres durante los episodios de diarrea, puede preparársele una infusión de romero, hirviendo una cucharadita de esta planta en un tazón de agua durante quince minutos. En los casos agudos, administrar el contenido de un cuentagotas cada quince minutos, y después media taza cada dos horas hasta que los síntomas desaparezcan. El romero es un buen astringente y un excelente antiespasmódico. Para controlar la diarrea también se utiliza el polvo de romero que se puede añadir, por ejemplo, a una crema de arroz integral.

Infusión de arándanos secos

Echar cinco cucharaditas de bayas en medio litro de agua fría. Dejar hervir durante diez minutos y colar a continuación. La prescripción es de tres tazas a lo largo del día.

Cuando la diarrea está causada por una infección vírica o por parásitos, unas gotas de aceite de ajo en la comida suelen surtir efecto.

Lavativa o irrigación con infusión de manzanilla

Seguir las mismas instrucciones que en caso de estreñimiento (ver página 52).

Limonada alcalina

Poner en un litro de agua hervida, el zumo de dos limones exprimidos, dos cucharadas soperas de azúcar, media cucharadita de bicarbonato y media cucharadita de sal.

Antes de volver a una alimentación normal, es sumamente necesario comenzar con una dieta astringente durante, aproximadamente, un par o tres de días. No hay que forzar al niño a comer; lo mejor es esperar a que él lo pida.

Si los niños son mayores de ocho años, hay que suspender la alimentación veinticuatro horas. Durante este lapso de tiempo, pueden tomar limonada alcalina, té negro frío con limón y azúcar, infusiones de hojas de mora y arándano, siempre en pequeñas cantidades y repetidamente.

En el lactante un buen comienzo es la crema de arroz, las manzanas ralladas y las zanahorias hervidas, antes de darle leche, y para los niños, una mezcla de arroz y zanahorias acompañado con pan tostado, todo en cantidades muy pequeñas. Durante varios días es preferible eliminar la leche, el azúcar y los copos de avena de su dieta.

Es también recomendable en estos casos aplazar algunos productos habituales como el arroz hervido con zanahorias, la manzana y el plátano rallados con zumo de limón, la leche o sus derivados, excepto el yogur, hasta tres días después.

EL CONTROL DE LA MICCIÓN Y LA DEFECACIÓN

El esfínter anal (defecación) se empieza a controlar a partir de los seis meses y el vesical (micción) a partir de los dieciséis meses. Generalmente, a partir de los dos años los niños ya tienen capacidad para dar a conocer sus necesidades.

La educación de los esfínteres se hace a través del estímulo y la gratificación.

A partir de un año, podemos acostumbrar al niño a sentarse en un orinal, por espacio de diez minutos o un cuarto de hora y a poder ser, un mínimo de tres veces al día, siempre a las mismas horas. Aunque al principio el niño no haga sus necesidades en el orinal, esta rutina debe seguir repitiéndose, pues llegará el momento en que, de una manera casual, el niño empiece a utilizarlo; los padres deben festejar el acontecimiento, e incluso, obsequiar al niño con alguno de sus alimentos preferidos. El sentimiento de aprobación de los padres hará que el niño intente repetir la conducta hasta que, poco a poco, la convierta en rutina.

A los tres años, la mayor parte de niños ya no mojan la cama. Si por el contrario el niño sigue haciéndolo de una manera sistemática, nos encontraríamos ante un caso de aneuresis. También, sobre la misma edad, los niños han aprendido a defecar en los lugares adecuados; en caso de no ser así, estaríamos ante una situación de encopresis, mucho menos común que la aneuresis.

La aneuresis nocturna

Conocida también como incontinencia urinaria, la aneuresis consiste en la emisión involuntaria de orina durante la noche. Suele ser normal en niños de hasta dos años, debido a que la inhibición sobre el reflejo de la orina aún no se ha desarrollado. Si persiste después de los tres años, la aneuresis debe considerarse patológica.

En algunos casos, este trastorno se prolonga hasta los once o doce años; pero, aunque cause molestias y contratiempos, este problema suele desaparecer por completo al llegar la pubertad.

Antes de iniciar algún tratamiento, debe identificarse la causa, por eso es imprescindible consultar con el pediatra. Si se observan problemas físicos, como una enfermedad crónica en la zona de los riñones o la vejiga, una malformación o un retraso en el desarrollo del niño, se deberá tratar en concreto la aneuresis. Sin embargo, este trastorno tiene muy a menudo un origen psíquico, causado por carencias afectivas o conflictos de personalidad. En estos casos la ayuda de un psicopedagogo, un psicoterapeuta o un psicólogo será básica para obtener resultados a corto plazo.

Hacen falta comprensión y paciencia con el niño a fin de regular la situación con mayor rapidez. Es importante colaborar para que no se encuentre en situaciones vergonzosas y evitar que este inconveniente le impida, por ejemplo, dormir fuera del hogar. Queda descartado reñir o castigar al niño ya que sólo se conseguiría agravar la situación.

Aparte del tratamiento, pueden llevar a cabo desde casa medidas de refuerzo como las que sugerimos a continuación:

Lavar por la mañana y por la noche la parte baja de la espalda con una esponja húmeda y fría pues ayuda a contraer toda la musculatura de la parte baja de la pelvis.

Es una forma de ejercitar los músculos de la vejiga. Por las noches, extender aceite de hipérico (Hierba de San Juan) en los lados internos de los muslos, para así aumentar la sensibilidad de la musculatura de cierre de la vejiga.

Infusión de hipérico

Otra forma de tratamiento es una cura con infusión de hipérico, más efectiva con la siguiente mezcla: 20 % de hipérico, 10 % de melisa y 5 % de flor de azahar.

Verter un cuarto de litro de agua hirviendo sobre una cucharadita rebosante de esta mezcla, dejar reposar un cuarto de hora y colar. Tomar dos infusiones, una por la mañana y otra al mediodía, durante dos semanas.

Infusión de tila y flores de gavanzo

Calentar aproximadamente una taza y media de agua y apagar cuando llegue al hervor. Echar de inmediato diez gramos de tila y otros diez de flores de gavanzo. Luego tapar el recipiente y dejar reposar unos cinco minutos.

Tomar la infusión muy caliente, una vez al día y en días alternos, durante, al menos, tres semanas. Descansar después cuatro o cinco días e iniciar otro ciclo de tres semanas.

Infusión de hojas de malva

Preparar como la anterior, aunque en este caso con quince gramos de hojas de malva.

Tomar una vez al día durante dos semanas, hacer una pausa de cuatro o cinco días e iniciar otro ciclo de dos semanas.

Tanto en uno como en otro tratamiento hay que estar pendiente de los resultados y, sobre la base de estos, repetir o no los ciclos.

- Parece ser que muchos niños sólo se orinan cuando duermen de espaldas. Si se ata un pañal alrededor del vientre del niño con un nudo en la espalda, éste cambia de postura y se acostumbra a dormir de lado. Muchos casos se resuelven de esta sencilla manera.

- Suprimir todos los líquidos a partir de media tarde también puede ayudar, aunque esta medida no suele ser aceptada por el niño y de ningún modo hay que forzarlo.

- También puede ser muy útil despertar al niño en mitad de la noche para orinar, pero solamente debe hacerse si no le causa irritabilidad.

La encopresis

La causa más habitual es el estreñimiento. La retención de las heces hace que el intestino grueso se distienda, por lo que disminuye su capacidad para contraerse y propulsar hacia delante su contenido. Las heces absorben agua y se vuelven más voluminosas y, como la eliminación resulta dolorosa, el niño trata de evitarla. Las heces más blandas pugnan por salir y se infiltran entre las duras, provocando que el niño se ensucie.

Si se ha producido con continuidad, la diarrea puede ser también la causante de la encopresis, ya que ha facilitado que el niño pierda el control anal.

LA INDIGESTIÓN Y LOS VÓMITOS

Mientras que los niños mayores de dos años tienen capacidad para indicar de dónde les proviene el dolor, en el bebé su única expresión es el llanto.

Ante las dolencias estomacales, es recomendable dar de inmediato a los lactantes y a los niños pequeños una infusión de manzanilla sin endulzar; la infusión de menta, también muy efectiva, es mejor suministrarla a partir de los dos años.

Los bebés deben tomar las infusiones con una cucharilla blanda o con biberón, y los niños, a pequeños sorbos.

Infusión de flores de manzanilla

Echar una cucharadita de flores de manzanilla en un litro de agua hirviendo después de apagar el fuego. Tapar, dejar reposar diez minutos y colar a continuación.

Aceite esencial de menta

Podemos darle aceite esencial de menta para que lo inhale desde la misma botella; cuando se trata de un aceite de alta calidad muy concentrado, es mejor que cierre los ojos al aspirarlo.

Añadir una gota de aceite esencial de menta en una tacita de agua caliente e inhalar también alivia de inmediato la sensación de náuseas.

Infusión de hojas de menta

Para casos en que el niño experimente mareo o náuseas, circunstancia muy frecuente cuando acaba de salir de una enfermedad o cuando le llevamos de viaje, la infusión de menta es uno de los remedios más efectivos y fáciles de preparar.

Verter un cuarto de litro de agua hirviendo sobre dos cucharaditas de hojas de menta, tapar, dejar reposar diez minutos y colar.

Tomar a sorbos una cantidad correspondiente a tres tazas a lo largo del día para lograr que el estómago se asiente.

Infusión de raíz de jengibre

La raíz de jengibre ha demostrado ser muy efectiva para evitar el mareo y la náusea, y tiene la ventaja de no producir los efectos secundarios de algunos productos farmacéuticos muy recetados.

Con la raíz fresca de esta planta puede prepararse un té que debe administrarse al niño unos veinte minutos, aproximadamente, antes de salir de viaje, veinte minutos después de iniciar el trayecto y, de nuevo, veinte minutos más tarde.

Otras infusiones recomendables para los trastornos digestivos son la de salvia, y la de semillas de hinojo o de eneldo.

No debe prolongarse el tratamiento con estas plantas más allá de una semana.

Cuando no hay fiebre y los vómitos se deben a una indigestión, una medida efectiva es tratar al niño con una lavativa o irrigación intestinal (ver indicaciones en el apartado sobre el estreñimiento, en la página 52), para compensarlo por la pérdida de líquidos.

En general, los vómitos debidos a indigestiones terminan rápidamente. Si no se repiten durante seis horas, puede ofrecérsele al niño una infusión suave de manzanilla a cucharadas y a intervalos de cinco minutos.

Masticar un trozo de piel de limón bien lavada asienta los nervios gástricos.

Ante los problemas digestivos recurrentes, es necesario determinar el o los alimentos causantes de la afección.

El trigo, presente en alimentos como la pasta, el pan, las galletas o los cereales, puede producir trastornos en algunos niños.

Aun en el caso de que el niño digiera bien los alimentos, hay dos medidas útiles para prevenir las molestias estomacales:

- Consumir las proteínas separadas de los carbohidratos, ya que éstas tardan mucho más tiempo en digerirse.
- Comer la fruta por separado ya que se digiere muy rápidamente y, en especial dos horas antes o dos horas después de consumir proteínas. En caso contrario, las proteínas retrasan la digestión de la fruta, hacen que fermente y produzca gases.

Cuando la indigestión es consecuencia de haber comido con rapidez, la lengua se acostumbra a poner amarilla. En estos casos pueden administrarse cinco gotas de Nux vomica D6 de tres a cinco veces al día. Este trastorno es frecuente en niños nerviosos que habitualmente comen deprisa.

Comer muchos alimentos mezclados también puede producir indigestión. En estos casos la lengua permanece blanca y las heces pueden ser algunas veces blandas y algunas veces duras. En estas circunstancias es aconsejable que el niño tome una pastilla de Antimonium crudum D6 de tres a cinco veces al día.

En general, para tratar los trastornos digestivos sea cual sea su causa, son muy efectivas las bífidobacterias, un principio activo del yogur que restaura la flora intestinal, tiene propiedades antiespasmódicas y ayuda a eliminar las flatulencias. Es aconsejable tomarlas tres veces al día de acuerdo a las dosis prescritas para cada edad.

Después de haber sufrido una indigestión o vómitos, es importante que transcurra un tiempo antes de dar de comer al niño. Lo ideal es esperar a que sienta apetito.

LA AMIGDALITIS

Para prevenir un dolor de garganta hay que evitar a toda costa el resfriado.

- Abrigar al niño cuando hace frío y protegerle el cuello con una bufanda o un pañuelo.
- Al pasar de frío al calor, esperar unos minutos antes de quitarle el abrigo.
- Cubrirse inmediatamente después de hacer ejercicio o de salir de la piscina en invierno.
- Evitar las bebidas frías en invierno y cuando el calor sea muy intenso, especialmente después de sentir las primeras molestias en la garganta.
- Evitar las corrientes.
- En la medida de lo posible, evitar permanecer largo tiempo en locales climatizados (con aire acondicionado o con calefacción); tampoco es saludable la calefacción fuerte en el coche.

Las soluciones con productos naturales son mucho más efectivas si se emplean cuando aparecen los primeros síntomas:

- La leche endulzada con miel suaviza la garganta y mitiga el dolor.
- Hacer gárgaras con zumo de limón caliente y miel desinfecta la garganta y aporta vitamina C, efectiva para el resfriado.
- Las tisanas y los ponches, si bien desinfectan ligeramente, cumplen con un objetivo imprescindible en los procesos gripales o de resfriado: hidratar.
- Las inhalaciones (vahos) son muy efectivas porque humidifican las mucosas, despejan las vías respiratorias y ayudan a eliminar las mucosidades acumuladas.

Aunque los vahos tradicionalmente se hacían hirviendo hojas de eucalipto, los de flores de manzanilla son muy efectivos y más adecuados para los niños. Además, ahora en las tiendas especializadas se encuentran aceites esenciales que se emplean para hacer inhalaciones y para desinfectar el ambiente. Tanto los vaporizadores como los humidificadores son de gran utilidad en estos casos.

Los gargarismos son también un remedio excelente por su potente efecto limpiador y desinflamatorio; la infusión con hojas de salvia es la forma más idónea de hacerlos. No debe ser demasiado fuerte para que los niños no la rechacen. También es muy efectiva para tratar casos de gingivitis o de inflamaciones de la mucosa bucal.

Gárgaras de sal marina y limón

Adecuada para niños de más de dos años, la mezcla del limón con sal marina es efectiva por sus cualidades astringentes y antisépticas, reduce la inflamación y el dolor y provee de una excelente protección antimicrobiana.

Verter el zumo de medio limón y una cucharada de sal marina en medio vaso de agua. A ser posible, repetir los gargarismos, al menos, cuatro veces al día; es más efectivo si se aumenta la frecuencia.

Los niños muy pequeños tienen dificultad para hacer gárgaras, por eso hay que suministrarles la infusión tibia en cucharaditas cada hora.

Infusión de hojas de salvia

Verter un cuarto de litro de agua hirviendo sobre media cucharadita de la hierba seca, dejar reposar diez minutos y colar a continuación.

Tomar un sorbo de la infusión tibia –a la que se pueden añadir los medicamentos recetados– hacer las gárgaras y tragar. Repetir el proceso cada hora aproximadamente.

Si hay dolor agudo, fiebre constante sostenida o ganglios inflamados es imprescindible acudir a la consulta del pediatra.

LOS PÓLIPOS Y LA HINCHAZÓN
DE LOS GANGLIOS

Cuando un catarro nasal se convierte en crónico, el habla es gangosa, se respira con la boca abierta, incluso por la noche, y los ganglios del cuello se inflaman. Éstos son los síntomas característicos de esta afección, habitualmente de carácter hereditario, por lo que sólo se obtienen resultados después de un tratamiento prolongado.

En general, tanto estos pólipos como las amígdalas engrosadas se acostumbran a extirpar; no obstante, con el fin de evitar al niño la agresión de una intervención quirúrgica, es recomendable ensayar unas medidas que, en algunos casos, han dado buenos resultados.

Lavado nasal con agua salada

Realizar por las mañanas y, a ser posible, otra vez durante el día.

En una taza de agua tibia disolver una buena pizca de sal marina y unas gotas de esencia de caléndula o hierbas secas. Aspirar el líquido por la nariz y expulsar por la faringe.

Es muy probable que al principio el niño tenga ciertas dificultades para realizar este ejercicio, pero en muy poco tiempo las superará porque le hará sentir descongestionado.

Si se trata de un bebé menor de nueve meses, la solución es cargar un gotero con la infusión tibia e introducírsela en las fosas nasales varias veces; con este sistema será más fácil eliminar las secreciones, tanto si son secas como espesas.

Otra medida que contribuye a que el niño respire mejor es colocarle otra almohada, pero debajo del colchón para que se mantenga en su lugar; de esta forma mantendrá la cabeza más alta y tendrá menor sensación de ahogo.

Poner un humidificador en la habitación, con unas gotas de un aceite esencial como el hisopo, también puede aliviar la congestión.

LA TOS SECA

La tos es un mecanismo defensivo del cuerpo que mantiene despejadas las vías respiratorias cuando éstas están irritadas. En estos casos la tos se caracteriza por su sequedad y por una expectoración nula o dificultosa, bien porque no se ha formado exudado o porque éste es poco fluido y está adherido a la pared bronquial; suele existir también sensación de sequedad en la garganta.

Aunque la tos puede presentarse aisladamente, con frecuencia acompaña a otras manifestaciones que se dan en el marco de una enfermedad.

A continuación proponemos algunos medios para aliviarla, pero no hay que olvidar que, cuando se repite con cierta frecuencia, es imprescindible encontrar la causa.

Tanto la infusión de liquen de Islandia como la de hojas de llantén menor son efectivas bien para tomarlas en el momento del ataque o a lo largo del día.

Infusión de liquen de Islandia

Una infusión de esta planta entera secada alivia la tos irritativa por su efecto suavizante.

Verter un cuarto de litro de agua fría sobre dos cucharaditas de liquen de Islandia, calentar lentamente hasta llegar a la ebullición y colar enseguida. Endulzar con miel.

Tomar media o una taza de infusión, lo más caliente posible, de tres a cinco veces al día.

Infusión de hojas de llantén menor

Verter un cuarto de litro de agua hirviendo sobre una cucharadita de hojas, dejar reposar cinco minutos y colar.

Tomar hasta tres tazas al día endulzadas con miel.

Infusión de amapola

Calma la tos y suaviza la garganta.

Verter un cuarto de litro de agua hirviendo sobre una cucharadita de hojas, dejar reposar cinco minutos y colar. La proporción es de cinco hojas secas de la flor por cada taza. Se puede tomar en pleno ataque de tos por su efecto suavizante.

Infusión de malva

Calma la tos, suaviza la garganta y desinflama las vías respiratorias.

Verter un cuarto de litro de agua hirviendo sobre una cucharadita de hojas, dejar reposar cinco minutos y colar. La proporción es de una cucharada de las hojas o las flores de la planta por taza.

Envoltura de patatas

Es excelente para aliviar la tos. Sin embargo, hay que seguir las instrucciones con cuidado para no correr el riesgo de quemar al niño.

Colocar una gasa que sobresalga sobre una toalla plegada a lo largo. Sobre esta gasa extender las patatas hervidas machacadas, no muy calientes. La superficie a cubrir puede ser de unos diez centímetros de ancho por veinticinco de largo, aproximadamente. Cubrir las patatas con la gasa que sobresale. A continuación, probar la temperatura con el dorso de la mano y durante un minuto. Cuando consideremos que la temperatura es agradable, aplicar la envoltura al niño. Para ello colocarle encima, envolverle el pecho y fijar esta especie de cinturón con un imperdible. La gasa tiene que cubrir lo suficiente las patatas para que no se salgan cuando el niño se tumbe. La aplicación de esta envoltura puede durar alrededor de veinte minutos.

LA OTITIS AGUDA

Las infecciones del oído medio son bacterianas y representan la causa más frecuente de visitas al pediatra en niños de entre seis meses y tres años. Son numerosos los factores que contribuyen a estas infecciones. En niños de esta edad los niveles de anticuerpos protectores son bajos, y además están muy expuestos a infecciones respiratorias por contagio, tanto en las guarderías como en otros centros a los que acuden.

Cuando se inflaman las amígdalas o las vegetaciones, éstas pueden ocluir la trompa de Eustaquio y bloquear el drenaje, por lo que las células de esta mucosa no pueden eliminar las bacterias con facilidad.

La mayoría de estas infecciones aparecen en la estación fría y son, en general, la secuela de una infección en las vías respiratorias (resfriado). Habitualmente el niño presenta fiebre de bajo grado y congestión nasal. En los niños más pequeños se observa falta de vitalidad e irritabilidad, comen y duermen mal y, a veces, acaban presentando fiebre elevada.

Por tratarse de una afección dolorosa y que puede producir fiebre alta, la otitis requiere consultar con el pediatra, especialmente en los casos de duda, para que efectúe el diagnóstico. También es imprescindible acudir al especialista si el niño sufre otitis recurrente, es decir, infecciones de oído con frecuencia, hasta cuatro episodios de otitis media en un año.

Si detectamos los síntomas de la otitis desde el principio y el niño tiene más de un año de edad, puede aplicársele una envoltura de cebolla con una bolsa de agua caliente; le aliviará el dolor y hará innecesarios los supositorios analgésicos.

Envoltura de cebolla

Picar una cebolla dorada en cuatro trozos y calentarlos unos minutos en el horno; sacar la cebolla cuando la temperatura haya alcanzado los 200 °C, y envolverla en un pañuelo; colocar sobre el oído dolorido y fijar con una toalla atada oblicuamente alrededor de la cabeza. Para aumentar su efectividad, colocar la cabeza del niño, con el oído enfermo y envuelto en la toalla, sobre una bolsa de agua caliente. El calor hace penetrar con más intensidad los vapores curativos de la cebolla en el oído. Si se prefiere, volver a calentar la misma cebolla en el horno un par de veces más; lo importante es mantener el calor en el oído.

Aceite de ajo

El ajo, conocido por su acción antimicrobiana, antiinflamatoria y descongestionante, es recomendable en las infecciones de oído. En estos casos se aplica en forma de aceite*. Sólo hay que poner de una a dos gotas en cada oído, de acuerdo con la edad del niño. El mejor momento para administrarlas es cuando el niño duerme.

LA GRIPE

Es una enfermedad de origen vírico que aparece en invierno a causa del frío y cuando las defensas del organismo están bajas. Se transmite por el aire y afecta especialmente a los niños y a las personas mayores.

Los síntomas son muy similares a los del resfriado: fiebre, dolor de huesos, indigestión o acidez de estómago y dificultad para respirar.

* Atención: debe ser aceite de ajo, nunca aceite esencial. Los aceites esenciales jamás deben entrar en contacto con las mucosas. También puede utilizarse aceite de oliva.

No hay un remedio específico para la gripe. Lo único que podemos hacer es superar el proceso vírico lo más rápidamente posible. Para lograrlo, son necesarias dos condiciones: aumentar las defensas y favorecer la sudoración y la hidratación, es decir, beber muchos líquidos.

Infusión de acebo

Las hojas de este árbol ayudan a bajar la fiebre y estimulan la sudoración. Se administra en infusión, dos hojas por taza. Se recomiendan dos o tres tomas diarias mientras duren los síntomas.

Infusión de amapola

Ayuda a transpirar y calma la tos. Se administra en infusión, cinco pétalos de la flor por taza. Se recomiendan tres tomas diarias mientras duren los síntomas.

Infusión de escaramujo

Se utilizan los frutos secos para estimular las defensas del organismo. Escaldar un puñado de estos frutos por litro y tomar tres tazas de la infusión por día.

Infusión de malva

Desinflama las vías respiratorias, elimina la tos y ayuda a expulsar la flema.

Preparar la infusión con una cucharada de hojas o flores de esta planta. Tomar dos o tres tazas diarias.

Infusión de tilo

Tiene propiedades calmantes muy destacadas. Verter un par de cucharadas de las hojas en cada taza. Tomar dos tazas de infusión diarias.

Agua de limón

Es una fruta antibacteriana que ayuda a bajar la fiebre. Su contenido en vitamina C estimula las defensas.

Exprimir medio, uno o más limones según la edad del niño (cuanto más pequeño más rebajada debe estar la mezcla). Añadir agua tibia y endulzar con miel.

LAS QUEMADURAS SOLARES

La denominada quemadura solar o eritema comprende desde un enrojecimiento leve de la piel hasta un enrojecimiento acompañado de dolor e inflamación y, en ocasiones, con la aparición de ampollas. Cuando una extensa zona de la piel ha sufrido quemaduras, el niño puede sentirse muy mal, con dolor de cabeza, náuseas, fiebre y escalofríos. Estos síntomas pueden aparecer desde seis hasta doce horas después de la exposición al sol. Después de la quemadura solar lo más frecuente es que la piel se pele.

La clave para evitar este problema es la prevención. Los niños de menos de seis meses deben mantenerse fuera del alcance de la radiación solar directa, siempre que sea posible. Además, a esta edad no es recomendable la aplicación de filtros solares. La prescripción actual para niños un poco mayores es la aplicación de fotoprotectores o filtros solares con un factor de protección superior a quince. Debe extenderse sobre la piel treinta minutos antes de la exposición al sol, y aplicar de nuevo cada sesenta o noventa minutos, o de inmediato cuando hay mucho sudor o un baño de por medio.

RECOMENDACIONES

- Evitar la exposición al sol y no realizar ejercicios prolongados en las horas más calurosas cuando la temperatura se mantiene alta durante varios días.

- Cubrir la cabeza del niño cuando esté expuesto al sol con un gorro de tela, a poder ser mojado, y procurar que esté a la sombra siempre que se pueda.

- Vestirle con ropa muy clara, ya que los tonos oscuros retienen el calor.

- Suministrarle líquido con frecuencia. Hay que darle zumos y agua muy a menudo aunque sea en pequeñas cantidades.

- Incorporar a la dieta alimentos ricos en potasio y vitamina C, como los plátanos y las naranjas. En general, cuando el calor aprieta, es indispensable consumir alimentos frescos como las verduras y las frutas.

No hay que olvidar que mientras los niños corretean alegremente por la playa se inicia el proceso de deshidratación. Si el niño no bebe el líquido necesario las consecuencias pueden ser muy graves.

Si después de un día al aire libre, el niño siente debilidad, apatía, mareos, náuseas, vómitos, dolor de cabeza, pulso acelerado, o temperatura alta podemos considerar la posibilidad de insolación o de golpe de calor; en cualquier caso hay que actuar con extrema rapidez y acudir a un centro hospitalario. Suministrar líquidos de inmediato y colocar al niño compresas frías en la cabeza son medidas que pueden evitar que la situación del niño se agrave.

LAS INTOXICACIONES

Son frecuentes las intoxicaciones en los niños hasta los cuatro años, especialmente las intoxicaciones con medicamentos, productos de limpieza, líquidos para pulir los muebles e insecticidas para las plantas.

RECOMENDACIONES

- Mantener los medicamentos fuera del alcance de los niños, como advierten todos los productos.

- Evitar ingerir medicamentos delante de ellos para que no los confundan con golosinas.

- Almacenar los productos tóxicos en armarios altos o, si están a la altura de los niños, cerrados con llave.

- No guardar los líquidos tóxicos en recipientes que han contenido alimentos, como botellas de leche o de refrescos.

- No colocar los sólidos tóxicos en cajas vistosas; evitar poner los polvos raticidas o las bolitas antipolillas en una caja de galletas.

- Colocar las plantas en lugares donde los niños no las puedan manipular.

Normas de precaución con los medicamentos

Dar una medicina a un niño es arriesgado si no se observan las debidas precauciones. Un error puede ocasionar, en algunos casos, una intoxicación o una disminución de los efectos del medicamento.

RECOMENDACIONES

- Preguntar muchas veces significa prevenir. Ante una prescripción, es necesario hacer al médico o al farmacéutico las siguientes preguntas: para qué sirve exactamente el medicamento, cuál es la dosis, cuándo debe administrarse, por cuánto tiempo, si es compatible con otros medicamentos que el niño pueda estar tomando, qué hacer cuando se olvida una dosis y qué efectos secundarios se pueden producir.

- Asegurarse de que el medicamento es también para niños. Si en el prospecto no se especifica, entenderemos que no se debe administrar a niños menores de doce años.

- No dar a los niños medicamentos que se vendan sin receta, sin la indicación del pediatra.

- Asegurarse de la dosis que se debe suministrar a los niños pues no guarda ninguna relación con la de los adultos.

- No hay que decir a los niños que un medicamento es como un caramelo o un dulce, pues nos expondríamos a que lo tomaran por su cuenta.

- Para medir una dosis, recurrir al medidor que acompañe al producto. En caso de extravío, usar los dosificadores de otros medicamentos antes que las cucharas, ya que éstas suelen tener una capacidad muy variable.

- Cuando se usen jeringuillas para medir las dosis, eliminar la aguja para evitar percances.

- Recordar que el riesgo de sobredosis está implícito hasta en los medicamentos más corrientes e inocuos.

LAS HERIDAS, GOLPES Y LUXACIONES

En lo relativo a los golpes y luxaciones es importante ser consciente de su gravedad. Si desde el principio la lesión parece importante, hay que acudir de inmediato a un centro hospitalario. Dejar pasar el tiempo sólo repercute negativamente en el proceso de curación. En caso de que la lesión parezca leve, se pueden aplicar soluciones con efectos antiinflamatorios y calmantes aunque, si el dolor agudo persiste al cabo de unas horas hay que acudir de inmediato al especialista.

No todas las heridas son una emergencia; todo depende de la zona lesionada y de la profundidad de la lesión. En la cara las lesiones son siempre peligrosas ya que pueden afectar a órganos tan delicados como los ojos, la nariz o la boca y, aparte, pueden dejar cicatrices muy visibles.

La limpieza es lo primero en el caso de una herida. La caléndula es siempre efectiva y, especialmente, en heridas abiertas, porque a sus cualidades desinfectantes une su poder cicatrizante. Cuando existe infección, las compresas de caléndula son indispensables. La esencia de caléndula se vende en farmacias y debe diluirse en agua en una proporción aproximada de una parte de caléndula por nueve o diez de agua. Después de utilizar las compresas también puede aplicarse el ungüento de caléndula al 10 %.

Si, por circunstancias, no podemos tener acceso a esta esencia en un primer momento, lavaremos la herida con agua y jabón neutro. Si la herida no sangra, la dejaremos al aire después de limpiarla.

Las heridas que conllevan un desgarro y una pérdida importante de piel deben ser atendidas lo antes posible por el médico.

El árnica, muy conocida en Europa por sus propiedades analgésicas y antiinflamatorias, tanto en gel como en aceite, esencia o tintura surte mucho efecto aplicada inmediatamente después de un esguince, un golpe o una torcedura. Se debe aplicar tres veces al día cubriendo la zona dolorida.

Durante el proceso de curación, se puede administrar Arnica en forma de medicamento homeopático, en gránulos que se dejan disolver debajo de la lengua. Es importante no ingerir alimentos hasta media hora después de haberlos tomado o esperar media hora si ya se ha comido, de lo contrario no surtirían su efecto completo. Administrar una pastilla al día a niños de hasta diez años y dos, a partir de diez.

Lo que no hay que hacer

Colocar polvos medicados sobre una herida o taparla con algodón o tiritas, ya que sofocarían la piel dañada.

Cortes y pequeñas heridas con sangre

Después de lavar la superficie con esencia de caléndula, o con agua y jabón, empapar con agua una bolsita de té negro y aplicar haciendo presión sobre la herida durante unos minutos. Si la sangre es abundante, colocar una compresa sobre la bolsita de té y vendar con una gasa. Si al día siguiente la herida no sangra, dejar al aire libre.

Cuando el corte o la herida está en las manos

Seguir la misma rutina que en casos anteriores. Lavar inmediatamente las manos, poniendo énfasis en las uñas, y untar con una crema desinfectante. Si prevemos que el niño va a jugar con agua, arena, o cualquier producto que se pueda adherir a la herida, colocarle una tirita transpirable y, a poder ser, unos guantes. Lo más efectivo es, sin embargo, mantener la herida al aire libre el mayor tiempo posible.

En caso de heridas con desgarro, administrar cinco gotas de Caléndula D12 una vez al día. Cuando se trata de una contusión o un hematoma, cinco gotas de Arnica D6 tres veces al día.

LAS PICADURAS DE INSECTOS

Si el niño es alérgico o es muy sensible a las picaduras de insectos, especialmente de avispas, abejas o avispones, acudir a un centro médico de inmediato.

En circunstancias normales, aplicar cataplasmas refrescantes y antiinflamatorias sobre las picaduras, por ejemplo con rodajas de manzana o patata o ruedas de cebolla. Muy efectivas contra la inflamación son también las compresas de caléndula. Para aliviar el dolor y remitir la hinchazón pueden administrarse cinco gotas de Apis D6 tres veces al día, hasta que la mejoría sea muy visible.

LOS ACCIDENTES

- **Caídas.** Son frecuentes cuando el niño tiene de cinco a nueve años.

- **Sofocaciones y ahogos.** Suelen producirse en niños de diez a catorce años.

- **Cuerpo extraño en el oído.** Es habitual en niños de uno a cuatro años. No hay que tratar, bajo ningún concepto, de sacar el objeto del oído cuando no se desprende con facilidad; se podrían cortar los canales y hasta perforar el tímpano. Es necesario acudir al otorrinolaringólogo de inmediato.

- **Cuerpo extraño en la nariz.** Seguir las mismas recomendaciones que en caso de un cuerpo extraño en el oído.

- **Cuerpo extraño en el ojo.** Es un accidente muy frecuente a cualquier edad y, en general, no suele presentar complicaciones. La primera medida es lavar inmediatamente el ojo con abundante infusión de manzanilla, por su efecto desinfectante y desinflamatorio. Si se percibe que el cuerpo se ha incrustado en la córnea, hay que dejar de manipular el ojo y acudir al oftalmólogo; también consultaremos al médico en caso de que el ojo, a pesar de parecer limpio, siga irritado al cabo de un par de horas del lavado.

LAS QUEMADURAS

Se clasifican en tres grupos: de primer grado, cuando la piel sólo se enrojece; de segundo grado, cuando la piel presenta daños e incluso llegan a salir ampollas; de tercer grado, cuando se produce la destrucción de los tejidos.

Los diversos remedios que se proponen a continuación son aplicables a las quemaduras de primer y segundo grado.

- **Áloe.** Es un potente cicatrizante y regenerador de la piel. En estos casos específicos se utiliza el aceite de áloe. Aplicar sobre la quemadura en compresas de algodón o en vendas esterilizadas, y cambiarlas tres o cuatro veces durante el día reponiendo el aceite.

- **Lavanda.** Aplicar sólo aceite de lavanda en compresas sobre las quemaduras muy leves. Alivia y ayuda a prevenir la infección de la herida.

- **Tilo.** Suaviza la piel y tiene propiedades antiinflamatorias. Es recomendable aplicarlo cuando las quemaduras están casi curadas. En este caso se utiliza la infusión de la planta. Hervir el agua correspondiente a un tazón y cuando alcance el punto de ebullición, apagar el fuego y añadir dos cucharadas de las hojas de tilo. Tapar y dejar reposar unos cinco minutos. Luego empapar las compresas y aplicar sobre la quemadura.

- **Aceite de oliva.** Se aplica en quemaduras leves o cuando están ya casi curadas con un algodón empapado. Suaviza e hidrata la piel y ayuda a reponer los tejidos dañados.

- **Patata.** Se debe aplicar de inmediato sobre las quemaduras leves. Tonifica la piel y calma el dolor. Rayar la patata, envolverla en una tela fina y aplicar como una cataplasma.

LAS REACCIONES ALÉRGICAS

La alergia es una reacción anómala del organismo ante sustancias que habitualmente son inocuas.

El requisito previo para la aparición de una enfermedad alérgica es la presencia de un alérgeno, que genera desde fuera la reacción del organismo.

Las reacciones alérgicas más frecuentes se manifiestan en la piel en forma de urticaria y de eccema, aunque en los niños aparecen con frecuencia como afecciones de las vías respiratorias: bronquitis espasmódica, asma y fiebre del heno.

La reacción alérgica tiene como consecuencia un daño o inflamación de los tejidos y una alteración de las funciones en las zonas afectadas. Aunque la mayoría de alergias no amenazan la vida del paciente, sí afectan notablemente a su calidad.

Para reconocer cuáles son los alérgenos que afectan al sistema inmunológico de cada persona, se utilizan las pruebas cutáneas. Mediante inyecciones en la piel, la persona es expuesta a diferentes sustancias proclives a provocar alergia y se observa después la reacción. Hay elementos, como el polen, que pueden comportarse a veces como alérgenos.

RECOMENDACIONES

- Sustituir la leche de vaca por la leche de soja o de almendras, especialmente en los casos de asma.

- Reducir el consumo de azúcar o de alimentos que lo contengan en gran cantidad.

- Reducir el consumo de sal.

- Cuando los niños son mayores, seguir una dieta a base de productos crudos (vegetales, frutas, frutos secos) durante unos días. Es recomendable que mastiquen muy bien. De vuelta a la dieta habitual, hacer que una cuarta parte de la dieta esté compuesta por productos crudos.

- Las personas predispuestas a las alergias tienen a menudo los pies fríos. Una forma de evitar las crisis es tratar de mantenerlos calientes con unos calcetines de lana o con unas zapatillas de felpa. Una buena solución es tomar un baño de pies por la noche. Añadiendo al agua dos cucharadas de harina de mostaza obtendremos un efecto descongestionante y antiespasmódico muy recomendable en los ataques de asma.

- Realizar una buena limpieza en la casa con paños húmedos, mopas o aspiradoras con buenos filtros, para evitar que el polvo se quede suspendido en el aire.

- Evitar el uso de moquetas, alfombras y tejidos como el terciopelo que favorecen la acumulación de polvo.

- No empapelar las paredes.

- Si se utilizan en la decoración o en la ropa tejidos naturales como la lana, el algodón o las plumas, cambiarlos por materiales sintéticos, como los acrílicos.

- Cambiar la cama dos veces por semana.

- Lavar la ropa de la cama a temperatura elevada.

- Ventilar la casa.

- No sacudir la ropa, los colchones, las alfombras o las mantas.

- Limpiar con frecuencia los filtros de los aparatos de aire acondicionado y calefacción.

- Evitar las plantas de interior y las flores secas.

- En caso de ser alérgico al polen hay que conocer el hábitat y la época de polinización de las plantas a las que se es alérgico y evitar abrir las ventanas.

- No salir al aire libre cuando el viento sople fuerte.

- Llevar las ventanillas del coche cerradas.

- En caso de ser alérgico a los animales, evitar su contacto.

- En caso de ser alérgico a las picaduras de insectos, hay que procurar evitar las zonas donde abunden.

- No dejar que el niño camine descalzo.

- Evitar los perfumes y ambientadores de olor intenso.

- No permanecer demasiado tiempo en un jardín o un parque en épocas de polinización.

- Evitar los ejercicios físicos que puedan producir excesiva sudoración.

- No frotar con fuerza la piel del niño después del baño.

- Dar al niño productos naturales y frescos.

- No utilizar excesivos condimentos al cocinar.

- Dar de comer al niño más veces al día y en menos cantidad.

- En caso de ser alérgico a algunos medicamentos, hacérselo saber a las personas que le rodean.

EL ASMA ALÉRGICA

Es la enfermedad crónica más común en la infancia. Sus síntomas son tos, sensación de opresión en el pecho, falta de aliento y silbido al respirar, debido al estrechamiento de las vías respiratorias. Acostumbra a desaparecer en la pubertad, unas veces de forma espontánea y otras con tratamiento.

El asma alérgica puede interferir en las actividades de los niños. Hay que ponerse en alerta si se observa que el niño tiene menos energía para jugar, evita algunas actividades por temor a toser o a que el pecho le silbe, o respira ruidosamente. Un 80% de los niños con asma desarrolla los síntomas antes de los cinco años.

Hay que acudir al médico cuando se observe esta sintomatología, para descubrir si se debe a una infección respiratoria o se trata de asma. Es fundamental para el diagnóstico saber si existen antecedentes familiares de asma o reacciones alérgicas en el niño.

Factores desencadenantes:

- Los ácaros del polvo.
- Las cucarachas.
- La caspa animal.
- Las infecciones virales o sinusales.
- La ansiedad emocional.
- La rinitis alérgica.
- El humo.
- Las sustancias químicas del aire.
- Los vapores.
- Los gases.
- El olor fuerte a pintura.
- Los perfumes.
- Los limpiadores.
- El polvo de tiza.
- El carbón.
- El talco.

Las plantas que enumeramos a continuación alivian la sintomatología del asma. Por sus efectos broncodilatadores, producen una expectoración relajada, que calma los espasmos de los bronquios y ayuda a liberar las secreciones pulmonares.

- **Abeto falso.** Con esta planta se preparan infusiones que fortifican el sistema respiratorio y ejercen un efecto antiinflamatorio bronquial.

  Echar veinte gramos de una mezcla de hojas, piñas y brotes nuevos de abeto falso en un litro de agua hirviendo; tapar y dejar reposar durante una hora. Después de colarlo, puede beberse una taza cada seis horas. Hay que endulzar con miel.

  También es una buena medida para relajar la respiración mezclar extracto de abeto en el agua de la bañera y hacer un baño de inmersión.

- **Llantén mayor.** Es un antibacteriano que suaviza la respiración. Se utiliza también contra la rinitis y la tos.

  Echar dos cucharaditas de llantén mayor en una cantidad de agua correspondiente a un tazón, dejar hervir unos minutos y tapar después. Es aconsejable endulzarlo con miel. Se recomiendan dos o tres tomas al día.

- **Tomillo.** Relaja y hace fluidas las condiciones respiratorias caracterizadas por la sequedad.

  Hacer una infusión con cinco gramos de tomillo por una taza de agua, y tomar tres o cuatro veces al día.

- **Regaliz.** Es un poderoso antiinflamatorio, expectorante y relajante.

  Hervir unos minutos cinco gramos de raíz seca y tomar esta infusión antes de las comidas, unas tres veces al día. No hace falta endulzarla.

- **Gimnasia respiratoria.** Es aconsejable para fomentar el hábito de respirar bien. Puede enseñársele al niño a partir de los dos años. Los ataques de asma producen un colapso de las vías respiratorias que dificulta el tránsito fluido y regular del aire. Aparte de recurrir a los broncodilatadores, que favorecen la correcta circulación del aire a través de los canales del sistema respiratorio, podemos enseñar al niño a realizar unos ejercicios respiratorios muy sencillos que, además de ayudarle a recuperar la respiración normal, le darán seguridad ante una crisis de asma.

Es aconsejable estar de pie para hacer el ejercicio; éste consiste en inhalar el aire por la nariz y expulsarlo por la boca lentamente a modo de soplido. De esta forma el sonido corroborará que se está respirando correctamente.

Cualquier momento de reposo puede aprovecharse para que el niño respire metódicamente durante unos minutos. Si lo hace varias veces al día, adquirirá mayor serenidad cuando sufra una crisis.

EL ECCEMA ALÉRGICO

Aunque el tratamiento dependerá del tipo de eccema que haya brotado, existen algunas recomendaciones válidas para aliviar el picor.

La aplicación de compresas húmedas sobre las zonas afectadas puede ser sumamente beneficiosa, en especial cuando están empapadas con la infusión de pensamiento.

Compresa húmeda de planta entera de pensamiento

Verter medio litro de agua sobre dos cucharaditas de la planta entera de pensamiento. Como es para una aplicación externa, no es necesario colar la infusión. Mojar después un trozo de tela de algodón en la infusión caliente, colocar sobre el eccema y cubrir con un paño de lana. Cambiar las compresas cuando se enfríen y volver a mojarlas con la infusión caliente.

Cuando el eccema presenta inflamación, aplicar con un pincel un extracto de caléndula al 5 % con una mezcla de zinc, que se prepara en la farmacia.

ENFERMEDADES INFANTILES CLÁSICAS

La irrupción de las enfermedades infantiles clásicas está precedida por un período de abatimiento, mal humor y una disminución de la vitalidad. En general afectan a tres zonas del cuerpo: la piel, las mucosas y a todo el aparato respiratorio.

EL SARAMPIÓN

Su período de incubación es de diez a once días. Además de los síntomas catarrales como la inflamación de los ojos, el catarro nasal y la tos, el sarampión se reconoce por el exantema rojo avinado de la piel y las mucosas.

Hay que procurar que este exantema llegue a su plenitud para que no tenga una inversión hacia dentro. Si no acaba de manifestarse, es recomendable un baño con agua salada tibia en una habitación muy caliente. Después, hay que secar al niño con vigor, abrigarle, incluso con un jersey de lana, y devolverlo a la cama.

En cuanto al ambiente, hay que procurar que haya suficiente calor. Tampoco hay que hacer nada para bajar la fiebre, pues forma parte del proceso evolutivo de la enfermedad. Lo mejor es mantener al niño hidratado ofreciéndole bebidas siempre calientes o templadas. Para que se levante, sin temor a la recaída, hay que esperar a que transcurran tres días sin fiebre.

Una forma de ayudar al niño a recuperarse física y psíquicamente es darle de cinco a diez gotas de Pulsatilla cinco veces al día, durante todo el curso de la infección.

LA TOS FERINA

Los síntomas típicos son ataques de tos seca, dificultad para respirar, vómitos y cara enrojecida, aunque esta enfermedad es difícil de diagnosticar. Tras el período de incubación, que es de dos a tres semanas, aparece la tos, aunque no se trata aún de la tos característica de esta enfermedad, por lo que tienen que pasar dos semanas más para que se pueda hacer un diagnóstico seguro. La tranquilidad del entorno es muy importante para suavizar los ataques de tos. Algunas veces, éstos van acompañados de vómitos, por esa razón es mejor darle al niño comidas muy ligeras, aunque más frecuentes. Es incluso recomendable rebajar la leche.

Los medicamentos homeopáticos, como Pertudoron o Drosera oligoplex dan excelentes resulados en poco tiempo. Para unas especificaciones más concretas hay que consultar con el especialista.

Para conseguir una disminución de los ataques de tos es efectivo el ungüento de cobre al 0,4 % que se debe aplicar dos veces al día entre los omoplatos.

LA VARICELA

A las cuatro semanas del contagio el niño se cubre de vesículas acuosas que tienen un contorno rojo y que provocan una picazón muy molesta.

Lavar al niño con infusión de manzanilla le aliviará los picores. En caso de fiebre, que es poco frecuente, se le pueden administrar gotas de Belladona. Para la dosificación, es preferible consultar con el especialista.

LA RUBÉOLA

Como es bastante inofensiva a menudo pasa inadvertida, ya que sus síntomas –exantema e hinchazón de los ganglios– no se manifiestan. Esta enfermedad sólo requiere reposo en cama durante su breve fase febril.

LAS PAPERAS

Se trata de una infección vírica con inflamación de las glándulas parótidas que, a menudo, desfigura la cara y causa molestias al masticar. Su proceso de incubación va de dos a tres semanas. En el curso de la enfermedad hay que guardar reposo absoluto durante una semana, aunque no haya fiebre, ya que las complicaciones que pueden surgir a raíz de esta afección son peligrosas: orquitis, pancreatitis y meningitis. Por ello, a la más mínima duda hay que avisar al pediatra.

Es imprescindible mantener al niño abrigado, usar almohadillas eléctricas o bolsas de agua caliente. Las cataplasmas de ungüento de Arcangelica y Belladona, en caso de fiebre, son excelentes paliativos en esta dolencia.

LA ESCARLATINA

Es una enfermedad infectocontagiosa aguda, originada por una bacteria que afecta a la infancia y cuyos síntomas son fiebre, faringoamigdalitis, exantema y descamación. Es frecuente que se produzca en primavera o en invierno.

Puede transmitirse a través del aire y de las gotas de saliva o a través de objetos o alimentos, aunque este tipo de transmisión es mucho menos frecuente.

Suele presentarse entre los dos y los diez años. Es poco habitual en los recién nacidos o lactantes.

Las formas clínicas van desde benignas (latente frustrada) a malignas (tóxica, séptica).

El período de incubación dura entre tres y cinco días y es asintomático.

El período de invasión va de doce a veinticuatro horas con inicio brusco de fiebre elevada, vómitos y cefalea. Es frecuente una faringoamigdalitis dolorosa, con amígdalas rojas y una supuración blanco grisácea, acompañada de un punteado rojo en el velo del paladar. La lengua, cubierta de una capa blanquecina con puntos y bordes rojos, se califica como saburral.

El período de desarrollo se inicia con un exantema rojo escarlata, fino y papuloso, en las ingles, axilas y bajo vientre, para después extenderse al tórax y a las extremidades. La cara no suele estar afectada, aunque se caracteriza por el enrojecimiento de la frente y las mejillas y la palidez alrededor de la boca. También aumentan los síntomas de la amigdalitis, mientras que la lengua se descama y aparece muy roja, con papilas prominentes, que le confieren un aspecto de frambuesa.

El último estadio o período de descamación puede persistir durante semanas. Se forman finas escamas, en forma de láminas, en tronco, extremidades y dedos. En las niñas puede aparecer flujo vaginal debido también a la descamación. El estado general mejora.

EPÍLOGO

¿QUÉ MÁS PODEMOS HACER POR NUESTROS HIJOS?

Es de esperar que las directrices que se dan en esta obra sirvan para evitar, en parte, la sensación de angustia que invade a muchos padres ante problemas que podríamos considerar menores.

Un mayor conocimiento de las afecciones más comunes en la infancia puede ser muy útil para establecer una buena comunicación con el pediatra, para saber cómo consultarle. Y es aquí donde queríamos llegar, porque la elección de un buen pediatra es una de las cosas más importantes que pueden hacer los padres por sus hijos.

CÓMO ELEGIR AL PEDIATRA

Una de las cualidades más importantes que debe tener el pediatra es que conozca y practique la prevención. Es en las revisiones médicas rutinarias, cuando todo parece ir bien, el momento de aconsejar las medidas preventivas que puedan evitar al niño futuras molestias y enfermedades.

También es importante observar cómo actúa el médico en el momento del diagnóstico, si se preocupa por averiguar el origen de un problema como la fiebre o una conducta preocupante.

Para acertar en el diagnóstico tan importante es el examen físico del niño como la información que niños y padres puedan aportar. Si después de un examen exhaustivo persisten los problemas, el pediatra debe remitir al niño a la consulta de otro especialista.

Otra de las cualidades que distinguen a un buen médico es la de facilitar una buena calidad de vida a los niños que sufren problemas crónicos, como el asma.

Para los padres un aspecto crucial es la disponibilidad del pediatra. Cuando el niño está enfermo la espera del médico genera inquietud y, aunque poco a poco, los padres adquieren la suficiente experiencia para valorar el grado de emergencia de un problema, es importante para el profesional demostrar desde el principio que pueden confiar en él y en su buen criterio. Cuando los padres llegan a confiar en el pediatra, disminuyen las visitas poco justificadas.

Finalmente, existe una característica que tanto los padres como los niños exigen del médico: el trato agradable y cercano. El pediatra debe demostrar en todo momento un verdadero interés por las preocupaciones de los padres y, al mismo tiempo, mantener una comunicación afable con el niño. De esta forma se establecen la confianza y la seguridad tan necesarias en esta relación.

CONCLUSIÓN

Cuántas veces los padres angustiados se han hecho esta pregunta: ¿y ahora qué podemos hacer? Esta obra ha pretendido dar respuestas, directrices que permitan ayudar al niño mientras esperamos al pediatra.

Además, estos conocimientos generales nos pueden servir a la hora de consultar con el médico.

Observar a nuestro hijo y aprender de sus reacciones harán que nos sintamos útiles y tengamos la capacidad de resolver muchas situaciones sin perder la calma.

¿Cómo podemos saber si lo que le ocurre al niño es grave? Cualquier padre se siente impotente o desesperado ante un pequeño con fiebre, vómitos, diarrea o dificultades para respirar. En esta obra hemos tratado de acercar a los progenitores a unos conocimientos básicos que les permitan reaccionar ante las afecciones más características de la infancia, mantener la calma y actuar. Nos ha guiado la certidumbre de que todos los padres desean saber todo lo necesario sobre la salud de sus hijos.

Todos los padres desean que sus hijos se repongan con rapidez de un dolor o de una enfermedad. Y, aunque sea válido el refrán de «A grandes males, grandes remedios», también lo es el de «No hay que matar moscas a cañonazos», es decir, hay que reservar los medicamentos fuertes o las terapias de choque para cuando sean realmente imprescindibles.

Es bueno recordar que cuando la medicación es agresiva, la convalecencia es también más larga y aumenta la posibilidad de que el niño, al encontrarse más débil, quede expuesto a contraer otras afecciones.

Los remedios que hemos propuesto en esta obra, pertenecientes a la fitoterapia o a la homeopatía, se basan en su totalidad en sustancias naturales extraídas de las plantas medicinales, soluciones conocidas y ampliamente experimentadas que vienen acompañando al hombre, en algunos casos, desde los tiempos más remotos.

El uso medicinal de las plantas ha acompañado siempre a la humanidad; los remedios naturales, y muy en especial los elaborados con plantas, fueron durante mucho tiempo el único recurso de la medicina.

Han transcurrido veinte siglos desde que se escribieron importantes tratados sobre el uso de las plantas medicinales. Pedazio Discórides, médico de los ejércitos de Nerón, estudió a fondo más de seiscientas especies que dieron lugar a los cinco tomos *De Materia Médica*. También existen numerosos compendios de Plinio, Escribonio y Columela.

A principios del siglo veinte, el desarrollo de la química llevó al descubrimiento de los procesos de síntesis orgánica, que dieron lugar a una nueva generación de medicamentos. Basándose en los principios activos de las plantas, se sintetizaron sustancias con sus características, pero en contenidos superiores. Poco a poco, se ha ido comprobando que en muchos casos, tras una medicación continuada, pueden producirse intoxicaciones e intolerancias.

Un ejemplo conocido lo tenemos en los antibióticos ya que, pese a ser en muchos casos efectivos e imprescindibles, bajan las defensas naturales. Por esa razón, usarlos indiscriminadamente sólo contribuye a que disminuyan sus efectos.

Estas complicaciones no surgen con el uso adecuado de las plantas medicinales, ya que los principios activos se encuentran biológicamente equilibrados por la presencia de sustancias complementarias que se potencian entre sí.

En la actualidad, la industria farmacéutica ha vuelto a considerar la idoneidad de las sustancias naturales en múltiples procesos de enfermedad o de carencia. De hecho, una cuarta parte de los productos que esta industria comercializa son de origen vegetal, un porcentaje que va creciendo paulatinamente.

Por otra lado, tanto la fitoterapia como la homeopatía se han visto reforzadas gracias a los avances científicos, que han permitido aislar nuevos principios activos o conocer nuevas propiedades de las especies vegetales.

Lo cierto es que todas las plantas sirven para algo y la fitoterapia se encarga de averiguar para qué. Por esta razón cada día se amplía el ya exhaustivo pero nunca suficiente conocimiento de las plantas medicinales.

Sin embargo, los padres que decidan tratar a sus hijos con remedios naturales no deben esperar resultados inmediatos. Si bien es cierto que muchos síntomas se pueden aliviar y otros desaparecen con prontitud, no hay que perder de vista que el enfoque de la medicina natural es diferente del de la medicina ortodoxa. Con las terapias naturales se trata no solamente la enfermedad sino las posibles causas que la producen.

Las distintas disciplinas que conforman la llamada medicina alternativa coinciden en considerar al ser humano en su totalidad, incluyendo su relación con el medio externo, sin centrarse únicamente en su enfermedad. Su filosofía es no tratar aisladamente el síntoma sino a la persona, buscando las causas de su afección y prescribiendo un tratamiento global.

Las terapias naturales pretenden recuperar el equilibrio perdido respetando el tiempo que el paciente necesite para conseguirlo. En realidad, puede decirse que estas disciplinas ponen los medios para estimular las defensas naturales de la persona propiciando la autocuración.

Lo ideal sería orientar al niño cuando está sano hacia un mejor estado que le disponga a enfrentarse mejor a las enfermedades, e incluso, a no contraer algunas de ellas. A veces se hace necesario un cambio de hábitos alimentarios, una mayor vigilancia de la calidad de los alimentos que se consumen y la erradicación completa de la comida basura. Sirva como ejemplo que con sólo mantener en buen estado la flora intestinal se evitan muchos trastornos.

Gracias a una actitud activa frente a las enfermedades infantiles comunes y respetando el curso de la naturaleza, los padres lograrán que los niños sumen puntos en salud y salgan reforzados tras la convalecencia.